U0617183

高效能沟通术

张慕梁◎著

ZHEJIANG UNIVERSITY PRESS
浙江大学出版社

图书在版编目（CIP）数据

高效能沟通术 / 张慕梁著 . — 杭州：浙江大学出
版社，2019.6
　ISBN 978-7-308-19082-4

　Ⅰ.①高… Ⅱ.①张… Ⅲ.①人际关系学—通俗读物
Ⅳ.① C912.11-49

中国版本图书馆 CIP 数据核字（2019）第 071448 号

高效能沟通术

张慕梁 著

策 划 者	程一帆	
责任编辑	顾　翔	
责任校对	杨利军　程曼漫	
封面设计	零创意文化	
出版发行	浙江大学出版社	
	（杭州市天目山路 148 号　邮政编码 310007）	
	（网址：http://www.zjupress.com）	
排　　版	杭州中大图文设计有限公司	
印　　刷	杭州钱江彩色印务有限公司	
开　　本	880mm×1230mm　1/32	
印　　张	6.5	
字　　数	125 千	
版 印 次	2019 年 6 月第 1 版　2019 年 6 月第 1 次印刷	
书　　号	ISBN 978-7-308-19082-4	
定　　价	38.00 元	

版权所有　翻印必究　印装差错　负责调换

浙江大学出版社市场运营中心联系方式：0571-88925591;http://zjdxcbs.tmall.com

本书所获赞誉

我在工作中是强势的一方，而在跟张老师沟通时，我发现他总能用柔软的方法达到沟通的目标，这值得每一位职场人学习。

——上海椿藤文化传播有限公司 CEO、畅销书策划人　徐英

每晚睡前，我必在抖音上看张老师的视频。现在终于等到张老师出书，这本书有料、有趣，你值得拥有！

——盘锦众尚商贸有限公司联合创始人　赵素红

沟通能力是职场人最重要的能力之一，高效的沟通不仅是达成工作目标的保障，也是人际关系的润滑剂。这本书传达的正是沟通的原则与技巧，值得所有职场人一读。

——北京创业黑马科技股份有限公司产业研究中心主任　王冀

时代从不缺乏理论家，缺乏的是真正从实操中提炼方法论的操盘手。在这本书里，慕梁老师做出了勇敢的尝试。

——熊猫传媒集团董事长、资深媒体人　申晨

这本书以你我身边的小事为例，告诉我们如何在职场上更有效地沟通，更有效地抓住切入点，使我们的职业发展更进一步。

——北京特美专猎管理咨询有限公司创始人　曹勇

我深信真正有价值的东西一定是真诚的。慕梁老师在这本书中，把自己的经验倾囊相授，这本书是真正的诚意之作。

——个人发展学会创始人　刘 Sir

和慕梁老师合作多年，我从他身上学到：沟通从"心"开始，开启幸福人生！

——北京博能志愿公益基金会联合创始人 叶颖

喜欢听慕梁老师说职场事儿。沟通中的清爽和真诚，是褪下世故外衣后的坚实内核。

——映客直播运营总监 岚宇

人际交往的技巧再多，也不如真实地做自己、真诚地对待他人。慕梁能够把自己的经验和感悟分享给他人，为职场新人指路，值得敬佩！

——北京学生活动管理中心副主任 关云飞

我常对职场新人说，用一半的时间工作，一半的时间沟通。看了张老师这本书，我突然觉得，我们应该用一半的时间进行对内沟通，用另一半的时间进行对外沟通。如果你也想在职场或者生活中成为一名掌握高效能沟通技巧的人，看这本书就够了。

——阿里巴巴网络技术有限公司资深运营 王梦茹

沟通的背后是一个人对这个世界的看法，读慕梁的书，你可以学到很多。

——企业咨询服务平台舵舟创始人 李阳林

在进行职业规划或者刚刚步入职场的时候，如果你能够接触到本书，领悟本书的精神，那你的职场生涯将会少走一些弯路。感谢张慕梁老师送给读者的这份大礼！

——中关村企业信用促进会秘书长 张九红

我与慕梁老师相识多年,我至今还记得,在某个阳光明媚的下午,慕梁老师的话让我多日来的气愤和郁闷一扫而空。相信这本书能带给你一些不一样的东西,这点我敢打包票。

——中国知网年鉴部副主任　常晶会

职场如战场,想要游刃有余地应对,就必须提高自身的情商和沟通能力。慕梁兄多年来一直从事培训和职业规划工作,在打造学习、观察、分析、思考、聚焦的思维模式上有丰富的实践经验和理论总结,所以我相信本书一定可以帮助你掌握职场沟通的秘诀。

——58集团人力资源事业群全国校园渠道总监　杜然

我相信,这本书不仅适合初涉职场的年轻人,也适合每一个在生活和工作中因为沟通问题而不快乐的人。珍贵的沟通能力,越早掌握越好!

——美团点评外卖事业部产品运营经理　王伟

与慕梁兄弟相识多年,一直见证着他的努力与坚守,恭贺新书出版!

——华夏幸福基业股份有限公司北京事业部人力资源部总经理　刘超

与慕梁老师在北京邮电大学的面试大赛上相识,感佩他在职场沟通领域多年的深耕与求索,希望年轻的朋友们多读读这本书,它一定会让你们打开新的思路。

——华为技术有限公司运营商业务市场总监　李翔宇

12年前,当我把刚刚毕业来北京发展的慕梁“破格”招进北京高校毕业生就业指导中心的时候,我无论如何也想不到,12年后会为他的一本新书欣然写下几句话。用12年来观察一个人,足够了。

他12年来的经历很充实、很精彩，相信这本书也一样。

——中关村新跃校企合作发展中心理事长、

原北京高校毕业生就业指导中心主任　任占忠

本书从发展的角度探究处理人际关系的法则，寻求高效能沟通的真经，证明了相同价值观之于沟通的重要性，值得深读。

——中国劳动关系学院学生工作部部长兼就业创业指导中心主任　许涛

人际沟通看似容易，实际上十分复杂。低效沟通使晋升受阻，也带来内心困惑和人际关系焦虑。张慕梁老师的这本新书，把各种职场沟通问题的解决方式简化成了可修炼和可复制的"高效能沟通术"，值得每一位职场人学习。

——清华大学创意创新创业教育平台（x-lab）品牌总监　陈焱

（以上排名不分先后，以收稿时间为序。）

前言

知世故而不世故

我们真正继承的是塑造和完善自身的能力，使自己
不成为奴隶，而成为命运的主宰。

——美国人类学家　阿什利·蒙塔古

在写作本书的长达一年多的时间里，我的书桌上经常摆放着美国历史学家斯塔夫里阿诺斯的《全球通史：从史前史到 21 世纪》和以色列历史学家尤瓦尔·赫拉利的《人类简史：从动物到上帝》。在写作的间歇，我会捧起这两部砖头般厚重的书翻上几页，它们为我漫长的写作时光增添了一点别样的情趣。

约 135 亿年前①，在一场大爆炸之后，宇宙诞生了。

混沌中，太阳系中出现了一颗后来被称作"地球"的行星，这里孕育出了生命。

又过了很多很多年，直到约 250 万年前②，人类才开始在广袤无垠的东非大地上演化。当时，地球上尚存在着不同的人种，而我们

---

①　尤瓦尔·赫拉利. 人类简史：从动物到上帝 [M]. 林俊宏，译. 北京：中信出版社，2017: 3.

②　尤瓦尔·赫拉利. 人类简史：从动物到上帝 [M]. 林俊宏，译. 北京：中信出版社，2017: 5.

现代人类的祖先——智人，只是这些人种中并不特别的一种而已。可事实是，智人最终成功爬上了地球食物链的顶端，有能力猎杀狮子、老虎这类猛兽，而其他的人种则被淘汰出了历史的舞台。

人类学家的研究结果表明，智人能够统治世界，并不在于他们身强力壮（事实上，他们身材瘦小，在看到欧洲的原住民尼安德特人直接扑到鹿身上，徒手把猎物打倒时，他们一定惊呆了），也不在于他们智慧过人（智人的脑容量不及尼安德特人），而在于他们天生热爱社交，这一点好处为他们的任何对手所不及。在智人的族群里，男人们成群结队地外出狩猎，行动过后分享心得，慢慢开始分工协作；女人们在洞穴里操持家务，每天凑在一起聊聊是非短长或生活经验，这或许是她们的后代——现代女性天生喜欢"八卦"的源头。这种人际沟通在人类进化中极其重要，其不仅提升了社交效率，促进了人们之间的理解和信任，还成为后来建筑、艺术、社会制度等特别需要想象力的人类智慧结晶的滥觞。

而今，我们已经迎来人际关系为王的时代。闭上眼睛，我可以毫不费力地列举出一长串因为善处人际关系而获得成功的例子。与此同时，人际关系焦虑已经和知识焦虑一样，成了不少人心中的隐痛。大家挖空心思，四处寻求处理人际关系的真经。但是，在花团锦簇中，在觥筹交错里，在迎来送往间，我们得失如何？

在某些书里，我读过"让别人喜欢你的十大法则"；在某次课上，老师说过"不要得罪任何一个人，要给别人留面子"。我曾经坚守这些信条，所以我在雨天为别人送伞，在有人流泪时主动送上纸巾，同事离职我摆酒请客，朋友病了我第一时间嘘寒问暖。我以为自己收获的是好人缘，直到有一天，当我需要帮助的时候，却屡屡遭到别人的拒绝。于是，我开始读更多的书，我相信英国哲学家弗朗西斯·培根说的"读书使人聪慧"；我开始做更多的事情，我相信实践出真知。

　　我曾经在北京钓鱼台国宾馆与位高权重的领导握手；我曾经下到几百米深的煤窑里，和浑身煤灰的矿工谈心；我曾经站在大学的讲台上侃侃而谈……即便如此，我还是被人欺骗过，事前的许诺言犹在耳，事后对方却轻描淡写地说"都实现不了"；我也被人背叛过，我的"好兄弟"曾理直气壮地对我说："如果这件事情正在赚钱，我为什么找你？"当然，我也被人信任过，是啊，生活中更多的是美好，而我们所缺少的，往往是发现美好的眼睛。

　　人生况味，五味杂陈。后来，我明白了一个简单的道理：在当下这个时代，真诚是一条必须遵守的人际关系原则。我曾经引以为豪的"人际关系处理技巧"，只是一堆一碰就破的美丽泡沫。我曾经忘记了自己是谁，忘记了自己要到哪里去，甚至从来没有思考过这些问题。

　　推开一扇窗，打开一个新的世界。当我回头审视人际关系这个命题的时候，我竟然看到还有这么多人在苦苦挣扎：有的把人际关系表面化——和谁谁合了影，谁谁在我的微信朋友圈里；有的把人际关系庸俗化——和某某吃了饭，彼此在酒桌上称兄道弟；有的把人际关系妖魔化——如何挖个坑，把对手埋进去。

这些都与真正健康的人际关系相去甚远。

我是一名培训师，职场人际关系是我最早的授课内容之一。在读了越来越多的书，解剖过越来越多的职场案例，尤其是自己经历过给人打工，也经历过自己创业之后，在点点滴滴的积累中，我对人际关系有了更加深刻的认识。

人际关系无法依靠"套路"来建立和巩固。在互联网圈，大家特别爱说的一个词叫"干货"。我出去讲课时，企业培训负责人和学员最关心的就是：你用什么方法，什么工具？方法和工具当然是需要的。但千万不要忘了，统御这些方法和工具的人的价值观才是更为关键的因素。中国传统文化强调以道御术，内圣外王。佛教里面追问"你的发心是什么"。这些才是真正影响结果的。如果你的道和发心是正向的，那么你坚持去实践，处理人际关系的方法和工具你很快就能掌握了，甚至没有人教给你，你也能悟到，而且还能悟到更多更高层面的东西。而道和发心不正，掌握再多这些表面上的方法和工具，也只能使人在错误的道路上越走越远。

我在做线下培训的时候，虽然学员们都是来学职场沟通或团队合作的，但要说未来谁能拥有较好的人际关系，谁的课上得再多也是枉然，我在讲台上从他们的状态就能看出来。比如大家一起做个互动游戏来破冰，有些学员的参与度很高，会主动了解和关心同一个小组的人，而有些学员则对别人漠不关心，也不参与游戏。如果一个人对别人没有与生俱来的好奇与好感，潜意识里总觉得自己才是最重要的，希望别人尊重自己，但认为自己没有必要去尊重别人，那么我可以断言，这样的人不可能建立良好的人际关系。现在不少书、课程喜欢用"职场攻心计""甄嬛传"之类的路数讲人际关系的建立和维护，但我认为"精于算计的甄嬛"并不是一个褒义的评价，"职场攻心计"也未必真有用处。其实，真正健康的人际关系的建立，是在理解和同理心的基础上，既尊重自己，也尊重他人，寻求双方共赢的过程。不是所有的人都在算计你，你的成功也不一定要建立在别人失败的基础之上。这就是我倡导的价值观。

当然，自己的目标和需求也很重要。我曾在朋友圈里看到这么一句话："你是砍柴的，人家是放羊的，你们聊一天，人家羊吃饱了，你的柴怎么办？"在人际交往中，你需要时时问自己：我的目标是什么？我的需求是什么？如果不考虑自己的目标和需求，你就缺乏判断问题的基本标准。村口摇着蒲扇、喝着茶水的大爷都能振振有词地给你讲讲如何做到一辈子不得罪人，但一辈子不得罪人的人，是平庸的人。我们不提倡这种变味的"中庸之道"。

在人际交往中，不光有"得罪"，还有"讨好"。我手头上有一本书，它号称是"继《圣经》后人类历史上的第一大畅销书"，这本书就是《人性的弱点》，作者是美国赫赫有名的人际关系大师戴尔·卡耐基。书中重点讨论的内容就是"如何让别人喜欢你"。

美国还有一位人际关系的宗师级人物，他就是被称为"世界上最伟大的销售员"的乔·吉拉德，这位老兄也有一句名言——"不得罪任何一个顾客"。卡耐基能讲"如何让别人喜欢自己"，那是因为他做的是演讲和咨询，客户的喜爱能为他带来更多的订单。乔·吉拉德从来不得罪任何一个顾客，那是因为顾客是他的商品的潜在买家。

为"得罪"而"得罪"和为"讨好"而"讨好"都不可取。任何真理都有适用范围，忽略背景、忽略情境，就没有人际关系的真理。我们只要仔细体察就会发现，这些"得罪"或"讨好"的背后都有个统一的逻辑，这个逻辑我用"目标"这个词来表示。在本书的前两堂课里，我们讨论的就是目标问题。

目标是一个比较笼统的词。比如，我们有人生的目标，这一生想成为什么样的人；有长期目标，未来三五年有哪些规划；还有一些短期目标，这一周、这个月要做哪些事情。此外，目标也有不同的维度。比如，我上大学时和刚毕业时想得更多的是怎么玩，怎么谈恋爱；在职场沉淀了一段时间之后，就开始想我怎么才能获得领导的青睐，怎么升职；做了团队小领导之后，开始想如何才能带好团队；再往后，结婚成家，又开始重点考虑买房买车这些事情。每个阶段都有目标，而目标的重点又不一样。所以，我们就迎来了另一个关键词——"聚焦"。

聚焦就是抓主要矛盾。一般来说，"深谋远虑""目光长远""未雨绸缪"是褒义词，但这个世界变化得太快了，考虑得太远，我们实际上做不到。而且考虑得太远，会把人弄得很焦虑，所以我们提倡四个字：活在当下。用当下来衡量自己的核心目标，这就是我们说的聚焦。聚焦的关键在于你要做什么，而不在于你不要做什么，聚焦的本质是放弃。史蒂夫·乔布斯说："聚焦的意思不是对必须重视的事情说'好'，而是对现有的另外 100 个好主意说'不'。"从第三堂课到第五堂课，我们将分别讨论聚焦的三个领域，即聚焦于如何迅速拉近关系（破冰）、聚焦于实现双赢，以及聚焦于问题的解决。

关注目标，关注的是我们自己。然而在人际交往中，我们还要关注他人与环境——自我、他人和环境是人际沟通的三个要素，所以要把所有的沟通都放进这三个维度中考量才有意义。对他人和环境，我们需要一个新的工具，那就是"觉察"。以前，我有一个学员这么评价自己："我特别不会说话，常常无缘无故地得罪人。"其实这样说的人，一定不是特别不会说话的人，因为他至少掌握了一个很重要的武器——觉察。觉察到自己得罪了他人，这是非常了不起的一步，同那些得罪了人还没有发觉，甚至还觉得别人很喜欢自己的人相比要好得多。人有了觉察这种工具，在人际交往中即便差也不会差到哪里去。那些真正要命的弱点，常常是意识不到的。凡是意识到了的，都会有办法慢慢克服。觉察代表着一种敬畏之心，有敬畏心的人常常能够觉察。从第六堂课到第八堂课，我们会讨论觉察这个话题。

在目标、聚焦、觉察的基础上，我们的应对方案是"选择"（第九堂课和第十堂课）。选择就是最后的决定。当然，在实际的人际交往活动中，影响最终决定的因素是无穷尽的，在书里，我们只讨论心态上的积极主动和如何避免与不适合做朋友的人交往。

在这本书里，大多数案例就发生在我们身边，就发生在我自己身上。

曾经有一个蹩脚的上司"横"在我的面前，她不懂业务，为人刻薄，我经过千辛万苦，终于和她成了好朋友，是那种真正的好朋友，直到多年之后的今天我们仍有联系。

曾经有一个漂亮的姑娘站在我的面前，我没有珍惜，直到失去了之后才明白一个道理：人与人之间只隔着一层纸，轻轻一捅，两个人的距离就近了。想得太多，反而给自己设定了障碍。

我要把生活的真相，拆开了、揉碎了讲给你听。

我家中挂着凡·高的名作《星月夜》。每次看到它，我心中都会感到温暖。画家的笔触是那样的细腻，画作的色彩是那样的丰富。整幅画画的是静谧的夜晚，不见一人，不闻一声，但是我们从中分明看到了一种人生观。这幅油画里那辽阔灿烂的星空，每颗星都发出自由而温暖的黄光，山峦在远处起伏，山脚下有一座小小的尖顶教堂。大家可能并不知道，这幅在美术史上大名鼎鼎的作品，是作于精神病院的，当时的凡·高，已经被精神病折磨得不成样子，但是他心中还有爱的火花，他一下笔，依旧有美好、有静谧、有自由、有爱。

虽然从一开始我就明白，讲"套路"、讲那些编造出来的活灵活现的故事会让这本书更热闹、更精彩，但那不是真相。在职场这么多年，我从来没有见过一个热衷"套路"的人最终得了好结果。很多人都自以为是魏璎珞，但其实是高贵妃[①]。

真正的英雄主义，是认清生活的真相后，依然热爱它。人性中有丑陋、有肮脏，但更有光明、有美好、有善良。在这本书里，我就来和大家一起分享人际关系的微妙和美妙之处，让我们一同去领略，领略那些不含恶意的坚持，饱含善意的强势，发自内心的赞美，表里如一的真诚。这给我们带来的，不仅是清爽的人际关系，更是成功的人生。

如果用最简单的话来概括本书的内容，我觉得应该是7个字：知世故，而不世故。

---

① 魏璎珞和高贵妃都是清宫剧《延禧攻略》中的角色。前者一路过关斩将，从小宫女变成乾隆宠爱的令贵妃；而后者却是宫斗中的失败者。——编者注

第

1

堂课

使命：
如果你的人生
是一部电影

在过去的几年时间里，我接触过大量学员。提到人际关系，大家首先想到的往往是：如何把话说得滴水不漏？如何左右逢源、八面玲珑？如何在会议中或酒桌上说出漂亮的客套话？但也有人的兴趣点在于，如何"套路"别人。

如果你也这么想，那么你可能就掉到了一个坑里，在这个坑里面，你永远也不可能悟到人际关系的真谛。我们从头至尾都要牢牢记得：创建良好的人际关系，是为了我们的人生能取得成功；而创建良好的人际关系本身，却不是我们的目标。每个人带着自己的使命出生，是为了自己而活，不是为了别人而活。

那么，问题来了：什么样的人生是成功的人生？

谁定义成功

2016 年，我受领导所托，要为国家奥运冠军的教练们写一本书。有一次，我到苏州去拜访国家跆拳道队教练王志杰（他先后培养了两夺奥运跆拳道冠军的吴静钰、为中国夺得史上首枚男子跆拳道奥运金牌的赵帅），在茶室与他品茗对谈。聊了一个多星期，我的脑子里塞满了他讲述的那些关于成败离合的故事。王教练的口才并不出众，但是那些平易朴实的话语却常常如惊雷一般响彻我的脑海。

赛场上，一念天堂一念地狱的故事真切地发生着，又轻轻地逝去。我忍不住问："有些事发生蛮久了，您看要不要核对一下？"

"不用核对，"他对我说，"赛场上发生的事情，每一件我都记得清清楚楚，像电影一样印在脑海中，多少年都错不了。"

假如把你的人生浓缩成一部电影，你希望这部电影演的是什么？

那时正是初春，阳光灿烂，草长莺飞，王教练建议我在苏州好好游玩一番。苏州有一处古迹很有名，那就是寒山寺。我特意在工作日过去游玩，但即便如此，也还是游人如织。这本来是一座小寺庙，在历史上寂寂无名，它后来声名鹊起，是因为这样一个故事。

有一位叫张继的落第文人，他在科举没考上、落魄潦倒时经过这里，晚上睡不着，面对此情此景，心灰意冷之下，写出了诗句，就是我们耳熟能详的"月落乌啼霜满天，江枫渔火对愁眠"。

你觉得张继的人生成功了吗？

你可以说他不成功，因为他自己梦寐以求的就是考科举、得功名，可他追寻了一辈子，最终也没有实现梦想；但从另一个角度看，也可以说他很成功——如果不是考场失败，触景生情，他怎么能写出这样流传千古的佳作呢？在中国推行科举制度的 1300 多年中，至少产生了 10 万名进士，又有哪些进士的作品能够一直被我们传诵至今呢？

张继这个文人，因为没有考取功名，做的官也很小，所以关于他的历史记载不太多，我们也就不太好判断他的人际关系怎么样。但我要举出的下一位，以我们今天的眼光来看，他在职场上的人际关系是很差的，他就是陶渊明。他的原话是这么说的："吾不能为五斗米折腰，拳拳事乡里小人邪。"各位读者，如果你的下级敢在大庭广众之下跟你翻脸，还说你是"小人"，我相信你的脸色也好看不了。陶渊明在他那个时代混不好职场，只好返回田园，留下"采菊东篱下，悠然见南山"这样美妙的诗句。

对陶渊明来说，他自己自然觉得没问题，千百年后的我们看他，也觉得他很成功。所以他处不好人际关系这一项，当然就没必要提起了。

上面我们讨论了两种人生的类型：一种是"他认为自己不成功，我们认为他很成功"；第二种是"他认为自己成功，我们也认为他成功"。以上两种人生是成功的人生，而下面这两种则是失败的人生。第三种"他认为自己很失败，我们也认为他很失败"在此略去不谈，我们重点看看第四种人生——"他自己认为自己很成功，但我们认为他很失败"。举例来说，从现存的史料来看，秦桧的人际关系处得很不错，有皇帝"罩"着他，人缘也不错。但几百年过去了，他的铜像还是跪在岳飞的墓前，被世人唾弃。

在北京创业黑马科技股份有限公司（以下简称"创业黑马"）工作时，我每天都与创业者们打交道。有一次，我到一家刚上市不久的公司和创始人聊天。聊到动情处，他对我说："如果再给我一次选择的机会，我一定不创业了。"起初，我以为这无非是成功人士例行公事的客套话。手握员工"生杀"大权、坐拥千万资产，这个诱惑实在不小。但他很快就证明我想错了。他摘下帽子，指着满头的白发对我说："看看，在公司 A 轮融资前那短短的几个月，我的头发一下子成了这样。"那时他的公司入不敷出，他使出了浑身解数也无济于事，只得每个月用自己家里的 20 万元补贴公司，为员工发工资。即便如此，公司还是随时可能崩盘，他备受煎熬。在历经了长达 8 个月、与 16 家投资机构的马拉松式谈判后，他终于拿到了投资。签下意向书的那一刻，他已心力交瘁。

"我失去了很多，即使创业成功也永远无法弥补我的损失。"他面色沉重，似含禅意。

杭州蓝狮子文化创意有限公司创始人、财经作家吴晓波讲过一个故事。2000年达能集团收购广东乐百氏集团的时候，吴晓波陪着广东乐百氏集团的创始人何伯权去美国。何伯权的女儿当时在加拿大读书，他们在海关等她来。等待的时候，何伯权看见一位外国父亲把几岁大的女儿抱起来给海关工作人员看，眼泪立即就掉下来了，他说："我都不记得我女儿这么小的时候长什么样，也没有抱过她。"这件事对吴晓波产生了很深的影响，从此他下决心一定要看着女儿长大，经常和她在一起。

读了这两个故事，我们再回到开篇的问题：什么是成功的人生？成功人生的评断标准到底是什么？如果坐拥财富、名满天下都不能带来内心的充盈与幸福，那咱们普通人还有啥盼头？

这里面涉及一个关键词，叫作"自我定位"。当你找准了自己的定位，人生成功与否的评判标准自然就明了了。评判标准说到底就在你自己的心里。换句话说：你认为自己成功了，你就是成功的；你认为自己还没有成功，你就没有成功。

人生在世，每个人的使命都不同。不久前，我应中央财经大学就业指导中心邀请，为学生做了一次有关求职简历的咨询。这些商科的硕士生、博士生们普遍训练有素，简历都做得很好，大多版式优雅、文从字顺、重点明确。我对他们说："内容挺不错，在简历个人信息下面加个'求职意向'，然后根据不同的公司，制作投递不同版本的简历就可以了。"

这时我往往会迎来一个迷茫的回应："老师，我的问题就是不知道自己毕业了之后要干什么。"

我突然想起2016年采访王志杰教练时思考的那个问题：假如把你的人生浓缩成一部电影，你希望自己这部电影演的是什么？我觉得，你得先确立自己的人生使命。

确立自己的人生使命

确立自己的人生使命，这确实是件不容易的事。从发展的角度来看，我们一般从三个维度出发来确立自己的人生使命。

第一个维度是价值观。

价值观是一种基本信念，认为某特定的行为模式或事物的最终状态，优于与之对立的行为模式或事物的最终状态。价值观决定了什么对你来说重要，什么对你来说不重要，什么对你来说是有意义、有价值的，什么对你来说是无聊的、乏味的。

我有一个大学同学，从事广告行业，毕业后他来到北京，在广告公司做文案，服务的都是北京的房地产商。在短短几年的时间里，他目睹了北京市的房价从每平方米几千元上涨到每平方米几万元。

房地产开发商很高兴，他却很痛苦。他对我说："我要转行了。普通人越来越买不起房，而我却还在为房地产公司做广告。"我劝他："房价又不是你炒起来的，你就是一个广告从业人员。"但我劝说无效。后来，这位同学终于考取了家乡的公务员，离开了北京，仕途走得相当顺利。对我这位同学来说，金钱不是人生的首要追求，从政才符合他的价值取向。

可喜的是，随着时代的发展，社会变得越来越宽容，你可以看到各种各样的价值观存在。比如，有的人向往安稳的环境，选择过平静的生活，每天波澜不惊；有的人希望成为下一个马云，冒极大风险进行创业，先过把 CEO 的瘾；有的人讨厌一成不变地坐班，于是选择成为自由职业者，在家办公。有一次我去参加一个活动，主持人介绍到场嘉宾，他们有的是大学教授，有的是企业高管，而有的是"知乎大 V"。我感到很新奇，原来"知乎大 V"也是一个社交头衔。

这真是最好的年代，千里马无需苦等伯乐，总有合适的平台让你一鸣惊人。2013 年，我在中国传媒大学凤凰学院讲过一段时间的课。有一个学生不好好学习，天天泡在网吧里打游戏，在父母老师眼里，他就是个"问题少年"。没想到，这几年电竞越来越火，互联网直播兴起，给人们创造了新的机会。2017 年，我这个学生做了网络主播，专门在直播间里教人打游戏，听说一年收入上千万。近年来，包括中国传媒大学在内的不少高校都设立了电竞专业，我这个学生摇身一变，从"问题少年"成了电竞行业的先驱，有时候还去高校讲课……这才几年的光景，这个世界的变化竟如此之大。古语说"三十年河东，三十年河西"，现在根本要不了这么久，三年就足够了。

社会的变化越快，社会的包容性越强，就意味着选择越多，这时每个人更要审视自己，看看自己的价值观是怎样的。

在人际交往中，很多的无效沟通、无奈沟通、无解沟通，其实都因为沟通的根源产生了问题：你是不是在和跟你有相同价值观的人沟通。用通俗的话说，你是不是在跟对的人沟通。

对牛弹琴，错的不是牛，错的是你，你错在不该跟完全不合适的对象沟通。鹤立鸡群，被孤立、被打击、感到痛苦的肯定是鹤，鹤与鸡群的价值观不统一。

枪打出头鸟，但是因为这样，你就不出头了吗？如果你的目标和其他人不一样，如果你生来就要追寻梦想和蓝天，该出头时就得出，虽然有可能被打，所以在出头的同时你要小心点。

很多职场人搞不明白一份工作是否符合自己的价值观，这里给你三把衡量的尺子。

第一把尺子：假如你中了价值为 1000 万元的彩票，你会不会辞职？

第二把尺子：工作中的你和日常生活中的你，是不是有很大不同？

第三把尺子：你是否根本不愿意把自己的工作成果分享到朋友圈，或者在跟人聊天时根本不想提起自己的工作？

如果以上三个问题，你的回复都是"是的"，那么你可能要考虑一下，这份工作是否符合自己的本心。

第二个维度是兴趣

加拿大专栏作家马尔科姆·格拉德威尔写过一本畅销书《异类：不一样的成功启示录》。在这本书中,他提出了著名的"1万小时法则"。也就是说，他认为不管是什么技能，一个人只要练够了1万小时，就会有质的突破。我的一些朋友在实践这个理论,他们有的坚持健身，有的练习吉他，有的练习绘画。但在向1万小时进发的这个过程中，我发现有些人很痛苦，有些人却很享受。

人们常说，最后成功的，都是能坚持下来的。但我认为，如果没有兴趣作为原动力，坚持是很难的，你很可能会成为半途而废的那个，成为那个衬托别人成功和辉煌的分母。

我有一个创业者朋友名叫房兆玲，她成名很早，在大学时代就因旅行事迹走红于网络，大学4年穷游227座城市，上过不少门户网站的新闻人物榜，拥有成千上万的粉丝。但她拒绝了出版社出书的邀约，也反对利用参加真人秀的方式来炒作自己。

她在大红的时候，遭遇了网络暴力的袭击，即便在几年后的今天，你也能在网上找到当时非议她的文章。外界种种质疑和莫须有的罪名一夜之间滚滚而来。她说："可能因为一些媒体着重报道了我搭车旅游的事情，却很少谈到我是用自己打工挣的钱来支付吃住的费用，以至于很多朋友对我在穷游过程中是如何'零消费'的问题产生了巨大质疑，最终把我的家庭牵扯进来，甚至上升到侮辱整个'穷游'群体的层面。"

回应别人非议最好的办法，就是在自己选择的道路上坚持下去，并做出点名堂。她说自己不愿意过"30岁就死，80岁才埋"的人生，毕业后就走上了与旅游相关的创业之路。这几年的一次次挫折非但没有让她倒下，反而让她更加坚强。她的这种状态令人心生羡慕。

她为什么能够坚持在旅游这条路上走下去？其实原因也不神秘，她就喜欢旅游，她总会乐观地相信前面会有好事情等着她。

值得一提的是，当我们对一件事情的兴趣极为浓厚时，会进入一种状态——心流。

这个概念是美国芝加哥大学心理学系教授米哈里·齐克森提出的，它指的是"一种将个人的精神力完全投注在某种活动上的感觉"。通俗地说，心流就是人们全身心投入某件事时的一种心理状态。米哈里这样描述它："你感觉自己完完全全在做这件事，就连自身也因此显得很遥远。时光飞逝，你觉得自己的每个动作、想法都如行云流水般发生、发展，你全神贯注，所有的能力都得到了充分发展。"当我们做一件事情，沉浸其中，不知不觉几个小时就过去了，这时，你就进入了心流的状态。

知名艺术家、顶级运动员，以及大部分领域的一流高手，都曾多次进入心流状态。这是一种幸福的状态，也是最容易取得人生成功的状态。这种状态，那种从周一上班就盼着周末放假的人是体会不到的，那样的人也很难在人生这部电影里，演出精彩的剧情。

第三个维度是能力。

在职业生涯发展中，人们常常会遇到的问题是"你能干什么"或"你会干什么"。其实这就是在问你的能力。

有人说"兴趣是最好的老师"，我一直对这句话有所保留——即使这话是对的，我们还应该知道最好的老师不一定能教出最好的学生，兴趣和真本事之间并不总能划等号。拿我本人来说，我对很多事情都有兴趣，比如唱歌、游泳、下棋，但是我并不会把这些兴趣爱好当成自己的使命和发展方向。有的同学对我说，当她刷抖音或逛淘宝时，也会沉浸其中，但显然她不能把刷抖音或逛淘宝当成自己的毕生事业。

一般来说，能力由知识、技能和才干组成。

知识是最容易获得的。如果说人们以往获取知识的途径只有口耳相传或读书，那么现在人们获取知识的途径就太多了，而且知识的价格也越来越便宜，在互联网上，免费下载的学习资源几乎到处都是。

光学习知识还不够，学习知识的最终目的是运用，如何运用好学到的知识，这就属于技能的范畴了。《三国演义》里有"诸葛亮挥泪斩马谡"的故事，蜀国大将马谡谈起兵法头头是道，知识层面满分，但却没有实战技能，只会纸上谈兵，那么迎接他的就只能是失败。

而当一种技能经过多次操练，已经达到能够不假思索、随心所欲地运用的地步时，那它就进一步内化成了才干。成语"熟能生巧"说的就是如何将技能升华为才干。英语高手有"语感"，做商业决策靠"直觉"，顶尖运动员有"节奏"，这些都是经过大量练习后，技能烂熟于心的体现。

正因为才干有"润物细无声"的特点，所以很多人从来没有觉察到自己的才干，这算得上是一种人生的巨大浪费。生涯规划师们常常使用测评、分析等方式帮助人们更好地认识自己的才干。

总结一下，价值观、兴趣、能力，是自我定位的三个维度。

读到这儿，也许你要纳闷了：这本书明明是讲人际关系的，怎么第一堂课说的都是自我定位？

从表面上来看，自我定位似乎与我们所说的人际关系没什么关系。但很多人忽略了，自我定位是人际关系的根和魂，是处理好人际关系的总按钮。很多人际沟通的问题，归根到底是自我认知问题。

只有认清楚了自己，正确定位了自己，才能在人际交往的过程中划定清晰的边界。所谓的人际关系难题，也就迎刃而解。

　　如果你还想收听本堂课的音频内容，请在我的微信公众号（搜索"张慕梁职场教练"）后台回复"使命"，就可以收到相关资料。

第

2

堂课

目标：
企图心是个
好东西

在上一堂课，我们讨论了人生使命。人生使命其实就是人生理想，而要实现人生理想，我们需要一步步地设定和完成目标。这堂课，我们来说说人生的"小目标"。

　　"在任何做出决定的时刻，最好能做出正确决定，其次是错误决定，最糟的是不做决定。"这是美国第26任总统西奥多·罗斯福的一句名言。设定任何目标，都比没有清晰的方向、毫无目的地漂荡要好。若你不知道自己要前往何方，很可能你每天都在花时间忙于实现他人的目标。

　　我有一个同事，是知乎的重度用户，他每天有事没事就翻看知乎，在工位上就刷网页版的，上厕所的时候就刷手机版的。我问他："你为什么这么爱看知乎？"他说："在上面能学到知识。"其实，这是一个很典型的似是而非的回答，一听这个回答我就明白了，对他来说，看知乎这事儿本质上就是漫无目的地消磨时间。他或许不愿意承认，但我认为这是一种瘾，很可能是由于工作压力过大而自动选择的一种逃避现实的办法。知乎的运营人员当然很高兴你能这样做，因为你在帮助知乎实现它的目标（比如点击率的增长），但要注意，那是它的目标，而不是你的目标啊。

若你不能考虑清楚自己真正想要什么，其实就已经把个人的未来拱手让给他人的欲望，这是多么大的一个遗憾。通过握牢个人生活的缰绳，自己决定想要前往何方，你便获得了大多数人一生都从未体验过的巨大掌控感。

以目标为人际沟通的准绳

前些日子，我的一位朋友小 C 说起了她在处理职场人际关系时遇到的一个难题。

小 C 是一家央企的中层，是一个部门的负责人。她所在的公司有几位副总，这几位副总都可以说是她的领导。其中有一位负责销售业务的副总，虽然并不直接分管她这个部门，但因为职责的关系，常常与她有工作上的往来。这位副总的一个远房亲戚，通过他的关系在公司入职了，但去了好几个部门，都是干一个月就被扫地出门。我们可以断定，这个副总亲戚的能力有点问题，哪个部门都不喜欢她，但碍着副总的面子，谁也不便明言，只能像踢皮球一样把她踢来踢去。这位副总可能也明白了些什么，但这时他也骑虎难下，最后找到了小 C，提出要把这个关系户安排到小 C 的部门。

小 C 犯难了：接收吧，明摆着这是烫手的山芋，请神容易送神难，企业是讲绩效考核的，以后万一出了问题，都得自己扛着；不接收吧，副总非得恼羞成怒不可，以后工作上不行方便，那后果也是不容小觑的，未来的升职加薪可能都会受到影响。

她把这事儿和家里人一说，爸爸妈妈很快就达成共识：领导是不能得罪的，按领导的安排行事最为妥当。

这是一种很典型的人际交往的态度：不要得罪人，尤其不要得罪领导；多个朋友多条路；给别人面子，这样以后别人也会给你面子。

的确，不得罪任何一个人，让别人喜欢，总比让别人讨厌好。然而，如果我们在"谢谢大家的喜欢"下面再多问一句"然后"，又会得到怎样的回答呢？

我很喜欢美国系列动画电影《玩具总动员》，这几部电影有一个贯穿始终的基本设定：玩具们被孩子玩的时候，就是体现它们价值的时候，于是玩具们就会很开心；反之，如果玩具们被冷落，没人搭理，它们并不会产生任何不用"上班"的喜悦，反而会感到深深的沮丧。

取悦孩子是玩具的使命，而人的使命可不是一味取悦他人。

追寻使命和设定目标，对我们人际关系的发展，具有决定性的意义，所以我把它放在本书开始的部分。在人际交往中，你的目标就是你的底线，就是你的原则，有目标了你才有人际交往的方向，否则即使结交了再多的名人权贵，建立了再多的人脉关系，让再多的人喜欢你，其实都没有意义。

那么，这件事情到底怎么解决比较好呢？根据以上来分析，我们可以得出以下两点：

第一，假如小 C 的目标是跟高层处好关系，那么不得罪领导就是上选。

第二，假如小 C 的目标是提升自己部门的绩效，那么婉拒副总才是上策。

这样一想，就没什么好纠结的了。

目标与人性

在创立思享同道读书会后，我曾经发起过一个"21 天读书"的公益活动。这个活动说来很简单：征集 100 名参与者，要求大家在 21 天的时间里每天读书，并按时打卡（每天在微信群内分享读书的体会），预计每人将读完三本书。活动的门槛很低，不指定书，每个人都可以选择任何自己喜欢的书，对每天分享的内容也不做严格规定，你可以写任何内容，甚至摘抄书中的几句话也行。在这些日子里，作为活动组织者，我的工作是每天统计打卡的情况并播报，同时把没有按时打卡的人从群里"请"出去。

一转眼，21 天过去了，群里的人数，由最初的 100 人变成了 59 人，"阵亡率"约为 40%。

这次目标非常清晰的社群活动虽然不大，却也是人性的试验田，很好地反映了人性中耐人寻味的一部分。

第一，一个豪情万丈的宣言，可能并没有什么用。

活动之初，有两种人引起了我的兴趣。

第一种是豪情万丈型，他们的典型表现是："哇，这样好的活动，我一定要参与！""下期活动什么时候举办？我要一直跟着！""读三本书根本不够，我要读五本！"

第二种是信心不足型，他们的典型表现是："我从毕业以来就没怎么读过书，一次读三本压力太大。""参与一下试试，我已经做好了完不成任务的准备。""我的自控力很差，希望能多坚持几天。"

活动结束，我在翻看工作人员的记录的时候，惊奇地发现，第一种人的淘汰概率远高于第二种。

换句话说，那些看起来信心不足的人，因为清楚自己的弱点，反而往往能坚持到最后。

人常常有高估自己的习惯。我在学校讲课时做过一个小实验：如果你所在的班级有 50 个人，请认为自己的能力在中等以上，即排在前 25 位的同学举手。所得到的结果是：全班举手的人数往往会超过 25 个。高估自己体现了一种乐观的心态，但要注意的是，这种乐观并不都能转化为实际行动，从这次的活动来看，更大的可能性是，这种乐观让他们觉得"即便退出也无损自己的形象"，从而使他们更容易（而不是更难）放弃目标。

第二，中途退出的人，没有一个承认失败是因为自己。

发起这个活动的初衷，是帮助大家克服惰性，养成每天读书的好习惯。

对那些中途被淘汰的伙伴，我尽力去了解原因（虽然这很困难），听到的原因大多是这样的："参加了几天之后，我发现这个活动不适合我。""我管理着一个部门，时间和精力实在不够。""家里的小孩太闹了，我没有办法每天分享。""我读的书很多，打卡对我来说是一种束缚。"

我为了改善大家懒惰和拖延的情况而发起这个活动，最后竟然发现，没有一个人因为自己的懒惰和拖延而退出，听到的都是"合情合理"的缘由。虽然，他们承认目标不能完成，他们也承认目标不能完成是有原因的，但这个原因，绝对不可能和自己有关系，更不会是懒惰和拖延。

第三，优秀的人对自己有要求，对自己有要求的人终能优秀。

我注意到，这次活动的参与者之中有大咖。开始时我还担心，这几位大咖会不会耍起大牌来，爱理不理地分享几次，然后没几天就失去兴趣了。当然我也已经想好，不管你能力再强、地位再高，只要没有按约定来，我都按规矩"请"出去，哪怕之后再解释或道歉。

我担心的事情并没有发生。而且恰恰相反的是，如果把分享的内容按质量从优到劣进行排序的话，大咖们分享的内容也基本是名列前茅的。

这个局面令我有点意外，但静静一想，似乎也很容易解释。我们的活动没有任何强迫性质，完全靠自愿参与。大咖们一开始就想好了自己要什么，要不要参加，当他们做出要参加的决定之后，他们就会坚持。即使到了凌晨三四点，他们也依然能够做到坚持分享。"明白自己要什么"并"坚持"，这不正是在优秀的人身上最常见而又宝贵的品质吗？想想也不奇怪。

企图心是对成功的渴望

我来给大家展示一个生活场景。

一位年轻女性跷着二郎腿，捧着 iPad，以"葛优躺"的姿势瘫在客厅，浏览各种靠谱或不靠谱的网页，欣赏刚刚上线或已经上线了许久的综艺节目。在一整天的时间里，如果感觉累了，她或许会翻个身，换只手拿着 iPad。

这位年轻女性就是我的爱人。

她今天是这样做的，但昨天她似乎并不是这样对我说的。

昨天她对我说："我明天要开始工作了……是的，我知道是假期，假期我也要工作，我下面的任务太艰巨、太繁重了，这不是一个简单的任务……所以，你要保持安静，因为如果不安静的话，会影响我的工作效率。"

就在今天早上，她再一次强调了她工作的重要性，并且要求我把她的电脑和书搬到客厅，因为她需要一个安静的、不被打扰的工作环境。当我把这些准备妥当，我却突然发现，不知何时，她已经在优雅地"葛优躺"了。

这是可恶的拖延症。这个恶魔不仅"俘虏"了我亲爱的老婆，事实上，千千万万的有志青年都是它的"阶下囚"。

一般来说，拖延症的症状，是这样的：玩乐，不学习或不工作→最后期限迫近，焦虑紧张却仍旧无法开工→火烧眉毛，小宇宙爆发糊弄过关→精神松懈，继续玩乐，不学习或不工作。

相信大多数人都被这个恶性循环折磨过。那么，我们究竟有没有办法向可恶的拖延症宣战，按照自己的意志，来实现自己的目标呢？

先看一个小故事。

清朝文人彭端淑在《为学一首示子侄》中讲过一个"穷和尚和富和尚"的故事，星云大师在《圆满：星云大师最新人生开示》这本书里对这个故事做了转述：

四川一座偏远的大山里有一个寺庙，寺庙里有两个和尚。一个很穷，衣不蔽体，吃得也很简单；另一个和尚很富有，穿着丝绸的衣服，吃着上等的食物。

当时，人们都认为南海（今浙江普陀）是个佛教圣地，很多外地的和尚都把能去一次南海作为自己的人生理想。一天，穷和尚对富和尚说："我打算去一趟南海，你觉得怎么样？"

富和尚不敢相信自己的耳朵，认真地打量了一通穷和尚，突然大笑起来。

穷和尚被他笑得莫名其妙，就问："怎么了？"

富和尚问："我没有听错吧，你想去南海？你凭借什么去南海啊？"

穷和尚淡定地说："带一个水壶、一个饭钵就行了。"

"哈哈哈哈！"富和尚笑得喘不过气来，"去南海来回好几千里路，路上的艰难险阻多得很。我几年前就开始准备去南海了，等我再准备好充足的粮食、医药、用具，再买上一条大船，找几个水手和保镖，就可以动身了。而你，还是算了吧，别再做梦了。"

穷和尚不再与富和尚争执。第二天，富和尚发现穷和尚不见了，原来，穷和尚一大早就悄悄地离开寺庙，步行去了南海。

果然，就像富和尚说的一样，去南海的路很遥远、很艰辛。但是，穷和尚早就做好了心理准备。穷和尚一路上尝尽了各种艰难困苦，很多次，他都被饿晕、冻僵和摔倒。但是，他一点儿也没想到过放弃，始终向着南海而去。一年后，穷和尚终于到达了日思夜想的南海。

又过了两年，穷和尚从南海回来了，依然是带着一个水壶、一个饭钵。穷和尚由于在南海学到了精微的佛法奥义，回到寺庙后成为一个德高望重的和尚。而那个富和尚，还在准备买大船呢！①

每个人都希望制订出详尽、完美的人生计划，并打算在制订出这个完美计划后，再一步步照着实施。他没准还会拍着胸脯说："只要有这样的计划，就是拼了命，我也一定能执行好。"可惜，这种完美计划往往只存在于想象中。于是，不少朋友一次次在火烧眉毛的任务面前，悠闲地"葛优躺"，满足得像个国王，无所事事，仿佛唯一的使命就是消遣和度假。

"佛系青年"缺乏的，是叫作"企图心"的营养素。

要大的价值，不要小的诱惑

眼前的诱惑虽然小，但就摆在那里，触手可及；待完成的任务虽然价值很大，但还很遥远，而且还不知道能不能完成呢。

为了获得将来更大的利益，你是否愿意自己主动延迟获得或放弃眼前较小的利益？

表面上看，这是一道送分题。

---

① 星云大师.圆满：星云大师最新人生开示 [M].兰州：甘肃人民美术出版社，2014:7.

相信读到这里的你，一定会给出肯定的答案。

然而，别不信，这种愿意延迟满足的能力是一种稀缺能力，真到了实际的生活中，大多数人并不具备这种能力。

这一点，已经有实验给出了证明。

20世纪60年代，美国斯坦福大学心理学系教授沃尔特·米歇尔设计了一个著名的关于"延迟满足"的实验，实验表明：自我控制能力对获得成功来说非常重要。

实验中，实验者给一些4岁的儿童每人一颗糖果，同时告诉孩子们：如果马上吃，只能吃一颗；如果20分钟后再吃，就可以吃两颗。有的孩子急不可耐，马上把糖吃掉了；而另一些孩子则耐住性子，有的闭上眼睛或头枕双臂做睡觉状，也有的用自言自语或唱歌来转移注意力以克制自己的欲望，他们最终都获得了更多的糖果。

经过12年的追踪，凡是当时熬过20分钟的孩子（此时已是16岁了），都有较强的自制能力、充满信心、处理问题的能力强、坚强、乐于接受挑战；而当时选择立刻吃糖的孩子（也已16岁了），则表现为犹豫不定、多疑、妒忌、神经质、好惹是非、任性、顶不住挫折、自尊心易受伤害。

在后来几十年的跟踪观察中，事实也证明那些有耐心等待并且最后吃到两块糖果的孩子，事业上更容易获得成功。

正是因为大多数人做不到，所以这句大俗话总是正确的：成功者只是少数。

光有"延迟满足"的能力还不够,你还需要用适当的方法做武器。我总结出了一个PDD准则,即Plan(计划准则)、Deadline(期限准则)和Do(行动准则)。

先说计划准则。有计划有行动,无计划无行动。如果你没有一张自我管理的时间表,那么在自我管理方面,你还没入门呢。

再说期限准则。在时间管理中,有一个基本原理大家都要明白:时间是一定会被填满的。这个原理,能帮我们想明白很多事情。

2017年,我要求一名学生在一个月内完成一篇文章,三周过去了,我问她进展如何,她红着脸,很不好意思地说:"还没开始。但是……"她突然又坚定起来,"我一定会按时完成。"我说:"哦,那早知道只给你一周时间就好了,何必给你一个月时间呢?反正你用一周时间就可以完成。如果我开始就只给你一周时间,那么我根本就不必等这么久了。"

对很多任务来说,你用一周的时间来完成和用一个月的时间来完成,没有什么本质区别——反正都是熬到不得不行动的最后一刻,才开始着手完成任务。

那中间的三周时间去哪了?她也确实没闲着啊。

时间是一定会被填满的。所以,为了对自己负责,你必须要想明白,你需要用什么填满它。

给自己要完成的任务定一个合理的期限(既不太长,也不太短),

是个不错的主意。

最后是行动准则。前面我们提到的穷和尚和富和尚的故事，就是一个典型的行胜于言的案例。

人们不爱行动，基本原因有二：一是觉得时间还很长，不用着急（请用合理的期限准则来解决这个问题）；二是总觉得准备还不充分，想着等到万事俱备时才行动。

然而，在现在这个时代，如果你的准备工作真的做到了"完美"，那么我可以断言，你犯了一个更大的错误：这件事情，你做晚了。

人家已经完成了原始积累，开始准备用一种"赢家通吃"的方式占领市场，而你还没有开始。

这时即使你准备充分了，开始了，行动了，然后呢？然后市场还是空白的，等着你来开拓？

别做梦了。

有了想法，立即行动。"没有足够的资源，我就不行动"，这种想法在职场中广泛地存在着，看看我们周围的甲乙丙丁，他们大多都这么想。还有一种人，在资源不足的情况下，也敢于上路。他们不是不需要资源，而是一边行动，一边寻找和积累资源。在我写到这里的时候，一部《西游记》题材的电影正在上映，唐僧出发时是自己一个人，回来时是一个团队。大家都想要完美，但不妨先把目标定为完成，而要完成，你就要立即出发。

我们前两堂课讨论的使命和目标在自我认知和自我管理层面，

大家千万不要以为可有可无，更不要跳过这部分内容直接去看后面的内容，因为这些维度从根本上解决了人际沟通中的衡量标准问题。

　　如果你还想收听本堂课的音频内容，请在我的微信公众号后台回复"目标"，就可以收到相关资料。

第

3

堂课

聚焦破冰：
治好你的『尬聊症』

有一天晚上，我的一个学员发了一条朋友圈："天天给我发微信，看我没回微信，还给我打电话……当女孩子不喜欢你的时候千万别追太紧，不然只会落得被'拉黑'的下场。这位同学，不好意思，我得把你'拉黑'了。"这条朋友圈的配图是一个小伙子给这个女孩子发微信的截图。从截图上来看，小伙子在"尬聊"，女孩子儿乎没有回复过。

　　先不说小伙子的行为是否妥当，在人际交往中，尤其是在与陌生人的交往中，没话说是最常遇到的一种尴尬情境。如果面对的是自己喜欢的人，这种情况就更加常见。看到这条朋友圈，隔着屏幕我也能感受到小伙子的焦灼和女孩子的无奈。

　　在此，我想聊一聊如何治好"尬聊症"。

从哪儿聊起

一般来说，之所以会产生"尬聊"的情况，就是因为不知道从哪里聊起。

人类有一个压抑不住的本能，就是喜欢那些和自己一样的人。这个"一样"，可以表现为很多形式。比如，和自己同一所大学的就是校友；比如，都当过兵，那就可以称呼对方为战友了；又比如，古代同朝为官的两个人，如果在同一年考取进士，那就是同年，也就比别人亲近了不少，同年之间相互提携照应就不在话下了……这些"一样"，我把它们统称为"共同点"。陌生人初次见面，冷场了，聊不下去了，可以试试找共同点。

有一次，我去政府部门和一个工作人员谈项目，我和对方并不认识，是经人介绍才联系上的。他虽然不是大领导，但毕竟身在权力部门，派头还是很足的。我大约提前10分钟到了，他看了我一眼，说："你先等等我，我现在有工作要处理。"说完，他叫人给我倒了杯水，就跑到旁边的一台电脑上"啪啪"地敲起键盘。我只好坐在旁边等着，等了半个小时，他也没有要结束的意思。我坐得不耐烦就站起来，四处走几步，活动活动。这时我突然看到他办公室的柜子上贴着一张春节期间值班表，表里一行一行地列着，"××，几月几日值班，带班领导是 ××"。我就这么扫了一眼，突然看到一个熟悉的名字，"带班领导 ××"，我想起自己原来所在单位的大领导被调走后，好像就是来了这个单位。于是我心里一下子就有底了。又过了一会儿，我要见的那位工作人员终于过来了，简单寒暄之后，我假装不经意地提起自己曾经的一个领导调到这儿来了，顺便又夸赞了这个领导几句。他一听我说起这个，好像一下子就来了精神，说："你跟 ×× 还共事过？那个领导很正派，干事情也很有能力。"我赶紧附和，然后又举了好几个小例子，证明这个领导的为人，同时也表明我跟这个领导关系很好——当然，这些例子，我坐在那里等待时就想好了。对方的态度一下子就软下来了，我们都是同一个领导的下属，仿佛一下子就亲近了很多，而我想办的事情也得到了快速的推进。这就是寻找共同点，迅速拉近关系的一个例子。

如果一时找不到彼此之间的共同点，还可以着力探测一下对方的需求点。每个人都有需求，一般来说，一个销售的需求是找到自己的客户，一个年轻人的需求是更快地成长进步，一个老师的需求是教好学生，一个 HR（人力资源专员）的需求是找到人才。当然，这里说的是一般情况，每个人具体的需求可能又有所不同。有一个同学和我说，他的客户是一个中年女性，这个人混在大公司里面当中层，平时对业绩对管理都不上心，也不想再升职了，因为再升职就会有压力，就会很累。面对这样一个看上去无欲无求的人，该怎么办？我说既然她的需求点不在工作上，你可以试试和她谈谈家庭，比如对老人的照顾啦，孩子的教育啦，上哪个辅导班好，如何择校……在家庭方面下点功夫，一定能找到突破点。他按照我的建议试了试，果然成功了。

除此之外，还可以聊聊对方的兴趣点。

我有个爱徒名叫刘可乐，她在米未传媒负责《奇葩说》微信公众号的运营，写的文章篇篇浏览量都能达到 10 万以上。有一天我们约着一起吃晚饭，本来我是想跟她聊聊公众号写作的事情，可她是骑共享单车来的，共享单车便成了我们晚饭的主要话题。她虽然做娱乐有一套，但对创业投融资、商业模式等财经话题却一窍不通，于是就不停地问我这方面的事情，我又恰好对这些不吐不快，于是就不停地给她讲我对共享单车这类新生事物的看法。我讲得是如此之沉浸、如此之陶醉，甚至没能发现，在我讲的过程中，好吃的菜全被她吃光了。

还有一个可聊的就是新闻点。

有人说，第一次见面，我没找到和对方的共同点，也不了解对方的需求和兴趣，怎么张嘴说话才不尴尬呢？不如试着聊聊新闻吧！新闻热点不断地冒出来，只要你关注，就不必担心在聊天中没有素材。大一点的话题可以是政经类的：中美贸易战、"一带一路"、房价；也可以聊聊教育类的：择校、学区房、辅导班；体育类的：世界杯、奥运会；娱乐类的就更不用担心了，每个人的生活中都不能没有娱乐，这也是一个简单的话题切入口……最后也是最简单的，陌生人之间用天气做话题也不错。以前学英语的时候老师说，伦敦人爱聊天气，为啥爱聊天气？因为伦敦天气比较糟。这些天气现象，以及这些天气现象引发的故事，都可以作为很好的谈资，在聊天时派上用场。

引导话题

当你已经积累了足够多的聊天素材时，就可以考虑下主动提问，从而引导话题。

大体来说，提问的方式有两种：开放式提问和封闭式提问。

开放式提问指提出比较概括、宽泛的问题，对答案限制不严格，给对方以充分自由发挥的余地。封闭式提问指提出答案有唯一性或答案范围较小的问题。

带有"是什么""为什么""怎么样"这样关键词的问题，都是开放式问题。开放式问题就像考试中的问答题，需要答题者自己发挥。这时就要注意两个问题。

第一个问题是，问答题相对而言难度较大。如果试卷上都是选择题、判断题，大家就不容易交白卷，反正闭着眼睛选一个，也有概率能蒙对。但问答题则不然，你如果没思路，就无法回答。如果互相不熟，你问问题掌握不好分寸，人家不知道怎么回答你，反而会终结谈话。我前面举的那个例子，可以解决这个问题。开始的时候我会试探性地问一个封闭式问题，就是："××领导现在还在您这个单位吗？"其实我已经看到值班表，已经确认他在了，但我还是要这么问。他回答起来很简单，要么在，要么不在。如果这时你选择一个开放式问题："××领导你觉得他为人怎么样？"人家摸不清你的意图，不敢轻易接话，你一下子就把天聊"死"了。

第二个问题是，对方的回答范围过于宽泛，以至于出乎你的意料。这就是话题失控了。所以，在提开放式问题的时候，你也要设定对方可能回答的几个方向，从这几个方向来引导对方。

对封闭式提问，同样也要注意对"落点"的控制。如果你想跟对方聊聊共享单车，你一定不能冒冒失失地问："你是骑共享单车来的吗？"那对方很可能回答："不是，我是坐地铁来的。"那这时你不可能说："啊，你坐地铁来的啊，那咱们来聊聊共享单车吧？"这就接不上了。

有效赞美

人际沟通的常规模式有四种，就是指责、讨好、打岔和超理智。这里所讲的赞美，就是沟通模式中的"讨好"。乍一听，讨好一个人的潜台词是丧失人格，没有原则地讨别人的欢心。但其实讨好只是沟通的一种类型，并不意味着无原则地谄媚和丧失自我，相反，这是一种难得的艺术。在高段位人士常用的沟通手段中，讨好比指责常见得多。假设你正在自己的工位上浏览淘宝页面，突然间你的主管过来了。低段位的沟通者可能会立即启动指责模式："你的工作完成了吗？天天不务正业，你是不是不想干了？"而高段位的沟通者会这样说吗？绝对不会，他最可能启动的沟通模式其实就是讨好："你的工作很重要，你也完成得很出色，工作不要那么辛苦，有没有对象？要注意身体啊。"你心里也明白是怎么回事，但却会感到领导的关心，如沐春风。

赞美是人际关系的基本功。没有任何一个人会讨厌一个赞美自己的人。不过，赞美有一个前提，就是赞美要发自内心，要赞美你认可的东西。对你不认可的东西，你宁可不赞美，也不要违心地赞美。

你要通晓人情世故，但并不会因此就奸猾世故，只知溜须拍马，钻营奉承。

赞美要适度，不可交浅言深。虽然赞美是人际交往的基本功，我也提倡大家多赞美，但赞美他人时一定要注意尺度，不要说过头的话，尤其在两个人还不太熟的时候。如果两个人关系一般，但你要"自来熟"，生硬地与对方聊家长里短，即便是赞美，也会令人生疑：我们两个有这么熟吗？你根本不了解我的情况，你说的都是违心话。这样一来，场面反而更尴尬了。

　　而且，一定要找好赞美的点，说者无心，听者有意，别让你的赞美在别人耳中成了讽刺。

　　找好赞美的点有两方面含义：一是别找那些被无数人称赞过的点，换句话说，别找那些太俗套的点。夸姚明长得高，夸刘翔跑得快，夸马云有钱，说的都是实话，但对被夸奖者来说，他们早听腻了、听烦了，你再去赞美他，除了增加反感，也没有什么特别的作用。二是别找错了点。几年前，我去采访一个在北京小有名气的老师，本来我想，她是特级教师，应该在教育孩子方面非常有办法，于是我就特意问了下她孩子的情况，想顺便赞美她一下。结果没有想到，她说自己的女儿在读大一，读的是北京一所非常普通的学校，在北京考那所学校，几乎轻而易举。我赶紧刹车，换了个思路，说："让孩子考取一所离自己近的学校真好，平时能见到。有些老师把孩子早早送出国，长年见不到一次，对孩子的成长也未必有利。"她马上就很骄傲地说："是啊是啊，我女儿每周都回来，还能帮我做做家务，和我一起出去买菜，人家都以为我们是姐妹俩呢。等她本科读完，我们再送她出国……"

　　言之无物的赞美，给人一种敷衍和言不由衷的感觉。所以，简单地说"你很棒""你真厉害"之类的话，并不是好的赞美。

　　给大家介绍一个好用的赞美小技巧，叫作 FFC 法则，即 Feeling（感受）、Fact（事实）、Compare（对比）。

2017 年 7 月，我组织一些朋友一起去草原玩了一圈。旅程中，我们遇到一个好导游，该怎么赞美他呢？简单地说一句"你的服务很赞"吗？如果我们换个说法："你的服务很赞，讲解既幽默又有激情，历史掌故倒背如流，我以前还从来没有遇到过这么厉害的导游，你不愧是你们全市导游大赛的冠军。"这句话包含了感受（你的服务很赞）、事实（讲解既幽默又有激情，历史掌故倒背如流）、对比（以前还从来没有遇到过这么厉害的导游，你不愧是你们全市导游大赛的冠军）。怎么样？是不是感觉这个赞美既真实又具体呢？有时我们赞美的效果不好，一定是忽略了感受、事实和对比这三个元素中的某一个，缺了任何一个元素，你的赞美效果往往就会大打折扣。

要做到有效赞美，还有一个隐性要求，就是你得和你的沟通对象处在同一个频率，你得知道对方喜欢什么、得意什么、忌讳什么，这就是同理心。苏芮有一首歌叫《牵手》，里面唱道："因为爱着你的爱，因为梦着你的梦，所以悲伤着你的悲伤，幸福着你的幸福。因为路过你的路，因为苦过你的苦，所以快乐着你的快乐，追逐着你的追逐。"这是同理心测试的满分答案。很多时候，人们在乎的是情绪的共鸣，你和他处在同一种情绪中，才能很好地感知他。

所谓同理心就是将心比心、以心换心，站在对方的立场上进行思考。简单地说，同理心就是当对方站在黑暗中时，你能够走到他身边并告诉他："你并不孤单，还有一线希望。"这种心灵上的鼓励与联结，往往比居高临下地为对方传授任何道理和技巧都管用。同理心的关键句式是"在一起""我懂你"和"相信你"，而不是"我帮你"。掌握了同理心的要义，便能更好地做到有效赞美。

"套路"可能是死路

网络上曾流传着这么一句话："自古深情留不住，唯有'套路'得人心。"这反映了很多人在人际交往方面陷入了误区：我能言善辩、能哄人开心就行了，你管我是不是发自内心的？我这里就有两个"套路"的故事，读完这两个故事，你就会发现"套路"是如何在不知不觉间把人坑了的。

第一个故事已经过去有些年了。有一年过年，单位组织春节联欢会。当时单位有个小活动，就是联欢会之后请大家投票，选出自己最喜欢的节目，单位会给这些节目的表演者一些奖励，这就和中央电视台每年评选春节联欢晚会最受观众喜欢的节目差不多。但我们的评选有一个明显的问题，就是大家的选票基本还是投给了自己部门的人，或者跟自己关系好的人，至于表演怎么样，倒没人太在意。

当时我们部门和策划部在同一桌，过了一会儿，隔壁桌营销部的同事过来敬酒，大家就寒暄一番。我们同桌的策划部领导热情洋溢地说："你们营销部表演的节目特别好呀，我们这桌所有人都投了你们的票。"然而，后来有一次，我和营销部同事有一次私下交流的机会，聊到策划部的那个领导，没想到这位同事一脸不屑。他说："那人一贯虚伪。本来投谁的票并不重要，但他偏偏还要到我这里来当好人。其实所有的选票我都看到了，你们整桌就没有一个人给我们部门的节目投票。"过去了这么多年，我依然记得他那愤愤不平的样子。其实我也没有投他的票，但他并没有因此而记恨我，他记恨的是没有投他的票又对他说了假话的人。

第二个故事发生在 2017 年。有一次我讲完网络课程，有个小伙子加我为好友。在寒暄中，我偶然发现，他的头像和一个刚刚给课程打了 4 分（满分 5 分）的学员是一样的。我试探性地问了一句："只给 4 分，是怕我骄傲吗？"不知道屏幕那边的他有没有觉得尴尬，只见他回复说："对啊，因为课程时长实在太短了啊。"我解释道："要求一个小时，我可是讲足了一个小时呢。"结果他说："这就是您今晚在课堂上说的，如何利用技巧让别人记住你。给您 4 分是因为我想让您记得我，能与我互动。"

我得承认，他有股聪明劲，但可惜，他给我留下的第一印象并不好。当然不是因为他给了我 4 分，而是因为他给我 4 分的原因让我难以接受。如果他觉得我的课讲得不好，他倒不如直接批评，认真地来说说我讲课中的问题——作为一个学员，他有这样的权利——我觉得这不失为一种真诚、坦率的沟通方式。但他并不向我说明问题，又要为博我眼球而扣分，就弄巧成拙了。

很多人有一个共同的毛病，就是很容易在人际交往中把自己想得聪明，把别人想得愚蠢。但一般来说，没有谁比谁特别地聪明，也没有谁比谁特别地傻——真的没有。你觉得某人特别傻，很可能是错觉。真正傻的人，在职场中可能早早就被淘汰出局了，是不太容易见到的。

上面两个故事在沟通技巧上都用了"套路"，但沟通效果都不佳，这"套路"的效果可见一斑。

自我坦露

什么是"自我坦露"呢？我给它起了个通俗的称谓，叫作"自黑"。没事儿不能乱"黑"别人，但偶尔"黑"自己一下则是挺好用的沟通技巧。

比如歌手薛之谦就特别擅长使用这个技巧。他在微博上调侃自己是"过气歌手"；自嘲"要靠找托儿才能显得自己有人气"；说自己"不爱干净，袜子要攒到 40 双才洗"；说自己"打完瘦脸针，穿上增高鞋垫，才勉强能看"……所有这些段子，都有一个共同点：通过自我调侃，将一个本来离大众距离很远的明星的形象，变成一个更具象、更可感、更接地气的普通人形象，从而博得大家的好感。

在所有人际交往的过程中，我们都有一个共同的障碍——距离感需要克服。人和人刚见面的时候，会把自己保护起来，就像是裹着一层厚厚的冰。所以我们做培训的人都特别强调要"破冰"，即把人与人之间的障碍融化掉，这样才能坦露出真实的自我，才有可能发生一些有益的变化。

在我们的朋友圈里，也是如此。要是你一天到晚晒钱、晒车、晒名牌，晒自己多么成功，你的人缘恐怕不怎么样，哪怕你真的是个成功人士。时代发展得太快了，老一辈人还信奉所谓的权威，信奉所谓的专家，但对现在的年轻人来说，有时候"专家"是一个贬义词或调侃性的词。

现在这个时代，去中心化的趋势太猛烈了。不知道大家注意到没有，不少在我们看来特别有魅力的人，往往都是有一些"槽点"的人，而恰恰是"槽点"让他们显得更真实、更有趣。就拿企业家来说，我国的明星企业家有很多，但其中人气最高的我认为是马云。这是因为马云最有钱吗？当然不是。这是因为马云在沟通和表达中运用了"自黑"的技巧。比如他会毫不隐讳地说，自己高考三次，才考上了一所专科学校；去肯德基找工作，20多人去应聘，最终只有他没有被录取；他也会讲自己创业曾经失败过多次；还会讲自己四处拜访客户，基本没有人理他……这些当然都不是他人生的成就，这些事情甚至可以说都是他的"黑历史"，但当这些"黑历史"经由他自己之口讲述出来的时候，我们仿佛一下子就和他贴得很近，一下子就能理解他。有人甚至想到，既然连"黑历史"这么多的人都能取得成功，那么自己是不是也可以？

要做到"自黑"这一点，其实并不太难，但能把这一点做得好、做得自如的人，其实还真不多，雷军可以算一个。大家还记得他去印度参加小米新闻发布会，在台上反反复复地说"Are you OK"的事儿吧？后来，还有人用"Are you OK"创作了一首歌曲，掀起了一波网友讨论的热潮。这种方式效果很好，让他的人气不降反升，是一次好的创始人营销。

那咱们普通人要怎么做，才能恰当地"自黑"呢？

首先，要从心理上让自己强大起来。敢于"自黑"的人，都是内心强大、不畏惧失败，同时也不怕流言蜚语的人。心理学强调承认是改变的开始，在人际交往中，"自黑"也是一种自我坦露，看到自己的缺点或问题，然后敞开自己。为什么要敞开？敞开你就不用"装"了。"装"，装模作样那个"装"，会耗费很多能量。自我价值越低越需要装，自我价值越高越不需要装。刘德华在某次演唱会进行时，刚上场，一不小心裤子裂开了。按照我的想法，当时他其实有两种选择：第一种做法，掩盖这个问题，一直夹着裤子表演，但这样做会有一个缺点，就是整个演出过程中，他得把注意力集中在破裤子上；而他选择了第二种做法，就是直接自曝"黑点"。他告诉在现场的几万歌迷"我的裤子裂了"，如此一来，他就不用夹着裤子表演了，注意力就会放在该放的地方了。

其次，选好"自黑"的点。有的学生说："我这次没考好，才考了 99 分，有 1 分不该扣。"这不是"自黑"，这是自夸。我常常听高晓松老师的脱口秀，觉得他就是一个很有趣、很懂得"自黑"的人。有些网友调侃他，说："你既不高，又不'小'，也不松，你完全相反，既矮，又大，还紧。"所以他在网上有一个外号，叫"矮大紧"。照说这不是什么褒奖性的称呼，要是一般人肯定不愿意接受，但高晓松就欣然接受了这个称呼。他做节目的时候还拿这个调侃，不仅绘声绘色地讲起自己以"矮大紧"的名义写歌从而引发的一系列故事，甚至还专门做了个需要付费观看的系列节目，叫《矮大紧指北》——几乎完全和"高晓松指南"相对应。他说他想要观众见到高晓松的另外一面，这真是非常具有娱乐精神的表现。这样一个人，很难叫大家不喜欢。他的"黑点"选得很好，既娱乐了大家，又体现了对网友观点的尊重，同时无损自己的专业名声。

讲完"自黑"，再说说自我坦露过程中的一个"意外之喜"：

你敢于坦露自己，你就获得了一种神奇的成长力量——真实。

朋友小王曾向我说起过她的经历："有一次，公司大领导来我们驻地考察。我平时很难接触到领导，所以希望能借这次机会和领导结识。按照领导的行程，他和员工们见面的时间只有 30 分钟，但眼看时间都过去 20 多分钟了，他还只是跟站在前面的几个人寒暄。我被挤到后面，这时既紧张又心急，既尴尬又无奈。"

我问："那接下来你怎么做的？"

她说："我本想冲上前去，但我又不知道冲上去后说什么。我就想，要不先组织组织语言，准备好了之后再上去，但想来想去，又觉得说什么都不妥。然后我眼睁睁地看着秘书提醒领导时间到了，领导和前面的员工握了手，又向我们后面的人挥了挥手，转身走掉了。我宽慰自己说，这次虽然没有让领导认识我，但以后总有机会的。"

我笑了，说："后面又遇着这样的机会了吗？"

她说："一直没有啊，哪有那么容易。后来看到活动的照片刊登在公司内刊上，我后悔死了。"

我的建议是："以后再遇到这样的情况，你千万不能缩在后面组织语言，你要一口气挤上前去，大声说，'我是某某部门的小王，一直很仰慕您，刚才在后面，太紧张了不敢过来见您，现在只有几分钟您就要离开了，我想无论如何都要鼓起勇气来让您认识我了。我负责某某工作，很希望得到您的指导'。在说这些话的时候，你可以很坦然，因为本就没有一句假话、套话。而这种表述又会引起对方的兴趣，以这种兴趣为基础，试着要他的联系方式，甚至提出后续的约见，也都是可能的了。"

不信？以后有机会你也试一下。

如果你还想收听本堂课的音频内容，请在我的微信公众号后台回复"破冰"，就可以收到相关资料。

第

4

堂课

聚焦双赢：
不必拼命
证明你是对的

我曾经收到过一个学员的求助，她是这样说的：

"有一家较大的外资公司招聘总经理助理。我工作四年，有一年多销售助理的工作经验，近三年部门经理助理的工作经验，所以就去联系了一个猎头，请他帮我申请这个岗位的面试机会。这家公司的人事部经理很看好我。事后我问了猎头，他说我已经获得了第二轮面试的机会，叫我回去等通知。他回复的时候，态度并不积极。如今两个星期过去了，我与猎头沟通，猎头说还要跟该公司沟通最终进入第二轮面试的人选。在这一轮沟通中，猎头的态度依然不是很积极。

"我非常郁闷，我感觉可能是猎头的问题，就把一篇名为'面试结果反馈迟迟不来，猎头应该如何应对'的文章发给了猎头。当然，看到这样的文章，猎头应该不会很高兴。过了一个小时，猎头跟我反馈说，该公司的人事部经理说我的资质不错，就是年纪轻、资历浅。我怀疑猎头看了那篇文章很生气，为了报复我，他可能直接代替该公司拒绝了我，或者至少是没有在过程中做任何努力。到底是猎头报复我，还是我的资历和经验的确不能让该公司满意？我现在非常苦恼，想听一下您的专业意见。"

不要对立思维

其实，这位同学问的问题不是一个求职问题，而是一个职场沟通问题。她的倾诉背后是一种思维方式，这种思维方式就是对立思维。这个问题并不是无解的，凭着两个原则就能从一定程度上解决该问题。

第一，不要总是想证明自己才是最厉害的。

第二，找到最大公约数，你才能把事儿办好。

"不好意思，我就是比你厉害"

不要常常认为自己是世上最厉害的。

读者朋友可能会奇怪：谁会这么不通人情世故？怎么可能去别人那里显摆？我可从来没有这样做过。

你没做过，总有人做过，我们来看看生活中各种熟悉的场景。

你有没有跟别人说过，你的男朋友或女朋友，多么爱你或多么体贴？

你有没有在没有房子或没有车子的同事面前，说自己的房子多好或车子多好？

你有没有跟别人说过，你买的股票又涨了？

你在跟别人说这些话的时候，可能会得意扬扬，如果有人表示异议，你一般会睁大无辜的眼睛，说："随便说说嘛，聊天而已嘛。"

其实不然。如果给上面这些表达找一个共同点的话，那就是这些话毫无例外地是在炫耀自己，而它们的潜台词都是致命的：它们告诉你的沟通对象，他有多么不争气。

以贬低他人的方式来突出自己，这是毁灭人际关系的一剂毒药。这样的表达看上去是表扬自己，潜台词则是贬损别人。把自己的幸福暗暗建立在别人的难堪之上，采用这种沟通方式，人际关系能好得了吗？

那怎么表达才不会让别人觉得难堪呢？

首先，表达上"艺术"一点，别把话说得那么硬，炫耀或批评的意图别那么明显。

一个产品经理和程序员沟通，如果产品经理直接甩过来一句话："你做的东西出 bug（漏洞）了！"程序员一般的反应是："出什么 bug？是不是运行环境不对？是不是用户不会用？"这是程序员启动了防御机制的表现。而如果换个说法呢？要是产品经理对程序员说："用户反馈说有问题，我估计是因为他不会用我们的产品，或者是运行环境不对？"这时大家能猜到程序员会说什么吗？程序员大概会像泄了气的皮球，说："完了，是不是产品出 bug 了？"这就是所谓的暗示，要让对方自己去悟，他自己主动悟到的事情，会比别人直接告诉他的事情，更容易给他留下深刻印象。

再举一个例子。一个朋友在和我约会的时候常常迟到，我就给她发信息，说她是过去两年中"放张慕梁鸽子大赛"的冠军得主。这句话既有调侃，也隐含批评，同时表露出的态度也不是很硬，这样做取得的沟通效果就不错。

其次，在夸自己的同时，强调一下这件事是客观因素导致的，并不都是你发挥主观能动性的结果。当然了，真实情况究竟如何，你自己心里清楚。

比如，自己考试的分数比别人高，你就说："哎呀，考试前一天晚上看到的题目，恰好考了，不然的话肯定不能考这么高。"这样一说，对方就会觉得你只是运气好，下次他的运气也可能好起来，他对你就不会产生额外的敌意。如果男朋友对你比较好，各种节日都给你买礼物，上班送你、下班接你，你可以说，如果不是你曾经帮助过他渡过难关，他才不会对你这么好。这样一来，听众们就会想，原来是因为你们有特殊经历，而这当然是可遇不可求的。

最后，在表达自己的优势的时候，可以适当陈述一些不足。"哎呀，我那所房子虽然便宜，但你不知道，朝向不好。""我们家的车虽然漂亮，但是性能不行，小零件总是出问题。""小孩虽然考试成绩不错，但他近视了。小小年纪就近视，这可怎么得了！""我儿子虽然在大学里面连年得奖学金，但这个专业的就业情况很不好，还不知道毕业了能不能找着工作呢。""在大公司工作，福利确实好，但是日复一日地加班，谁受得了啊，我还打算辞职呢。对了，你们单位还招人吗？"类似这样的表达，既提及了自己的优势，也说到了自己的不足。消除话语中的炫耀意味是更理想的、更符合人性的表达策略。

你要记得，不要总是有意无意地表露"自己才是最厉害的"。

最大公约数

如果你仔细阅读过前文，你就能得出一个结论：在我们的人际沟通观念中，"得罪"和"讨好"都不是我们要首先考虑的，做真实的自己，努力完成自己的人生使命才是。当然，在实现这个目标的时候，我们要讲究艺术和策略。

我们在日常的人际交往中，运用的沟通策略一般是寻求共赢，也就是找到最大的公约数——双方都能接受的最佳选择。

我的一个朋友是做教育培训的，有一次他跟我聊天，说："我们公司常常会举办一些活动，我很想让公司的员工转发活动通知，扩大活动的影响力。如果强制要求大家转发，似乎不太好，可能会招致大家的反感。而不要求大家转发呢，可能就没有几个转发的，活动通知就无法扩散。这可怎么办？"

这个问题，表面上看是"如何让员工帮公司发朋友圈"的问题，但实际上是如何让双方共赢的问题。员工转发公司活动的通知，当然能让活动通知扩散出去，但员工个人从中得到了什么？此时如果我们换个角度来问问题，比如说"如何让员工从转发活动通知中受益"，情况就会不一样。这个问题包括了两个方面：第一个方面是公司的活动得到了宣传，第二个方面是既然员工乐意转发，那他肯定是获得了某种好处。这就是我们所说的双赢思维。

我给这个朋友讲了一个故事，这个故事发生在《蜥蜴脑法则：轻松说服任何人的7个秘诀》的作者吉姆·柯明斯身上。吉姆家里有一群小孩子，这群小孩子住着大卧室，冬天有电暖气，夏天有窗式空调，冬天温度稍低一点，或夏天温度稍高一点，他们就会受不了。因此吉姆家里的电表走得有点快。吉姆跟这群"熊孩子"讲节约能源、保护环境，但他们往往是左耳朵进、右耳朵出。后来吉姆改变了沟通策略，他告诉孩子们，如果他们节约用电的话，那么省下来的电费归他们自己所有——孩子们的零用钱从来就不多，这对他们来说是个不小的数目。于是，通过这样的沟通，吉姆夫妇减少了家中的用电量，而孩子们获得了更多的零用钱。在这个案例里，吉姆并没有改变孩子们想把暖气和空调开得很足的愿望，而只是告诉他们，如何通过省电来得到更多的零用钱。这就是一个成功运用共赢思维，在沟通中找到最大公约数的经典案例，这就是高效能沟通的智慧。

听了我的话，朋友不再仅仅站在公司的立场上考虑问题，也会站在员工的角度去思考活动内容和活动发布的方式。如此一来，活动发布的语言变得朴素且活泼，活动内容本身变得有趣而深刻，朋友偶尔还会搞一些"有奖点赞"之类的社交小活动，几个月下来，效果非常好。

回到第四堂课内容开始时那个质疑猎头的学员向我提的问题，她把两个原则都违反了。

首先，她急切地想要证明自己是对的、猎头是错的。她甚至还给猎头发了一篇文章，叫猎头学习学习，这么做的潜台词是什么？就是"别看你是猎头，其实你水平不高，甚至还不如我这个求职者，你得提高业务水平啊"。这样做明显不妥。如果实在心急，实在想把这篇文章发给猎头，提醒他一下，应该怎么办？按我们前面说的，这个姑娘完全可以表达得艺术一点。比如她可以说："×× 老师，我在网上看到一篇文章，是关于猎头的。这篇文章我看完之后有不少启发，但我不知道自己理解得对不对，所以我写了一篇读后感，要不您帮我看看？"如果你这么说，我相信对方很难说"不行，不看"，一般都会说"那你发来看看吧"，那你不就顺理成章把文章发给他了吗？他看到了那些观点，自然会有所醒悟。就像前面那个产品经理如何与程序员进行沟通的例子，对方如果自己能体悟到，比你生硬地告诉他（在对方看来，这种"告诉"与训斥无异），效果要好很多。

其次，这个姑娘没弄清楚，在找工作这件事儿上，求职者和猎头是一伙的，他们是天然的同盟。求职者想入职，猎头更希望求职者能顺利入职，因为只有求职者入职并且工作一段时间之后，他的猎头费才能赚到手。如果求职者没能成功入职，猎头前面所做的所有的工作全是无用功。所以，双方都不需要另去寻找最大的公约数，双方本身就是站一边的，有共同的利益点。既然如此，那双方间的沟通应该是很容易进行的。然而，这个姑娘连这个基本形势都没看清，总以为猎头要针对她，还把双方的关系对立起来了，最后猎头也很生气，结果两败俱伤，事儿也没办成，这就是沟通出问题的一个活生生的例子。

在追求双赢的过程中，最大公约数不一定都是摆在那里、一目了然的（像上面这种非常明显的双方具有共同利益点的案例，其实是少数）。当自己的心理价位与对方的心理价位不符的时候，我们要灵活运用说服技巧。

在人际交往中，我们常常会遇到需要运用各种说服技巧的问题，说服领导同意你的预算计划，说服闺蜜陪你一起去吃夜宵，从商务谈判到团队协调，到处都用得到说服技巧。

不论在工作上还是在生活中，说服都是我们的一门必修课。

理性说服的三种策略

前些日子，我陪着家人到西单逛街。我的爱人一直在看衣服，我对买衣服不感兴趣，心里想着这本书，边构思边溜达，就到了一家手机店。店员见我进来，顺手递给我一张传单，这张传单的设计真是太棒了，上面写了三项内容：

第一栏是店长推荐，印着一个穿着职业正装的小伙子的照片，注明是"店长 ××"，旁边印着他推荐的三款手机；

第二栏，印着本周销售排行，第一名……第二名……第三名……

第三栏，印着店里正在进行的促销活动。

我一拍脑门，店长推荐（权威人物）、销售排行（从众心理）、让利促销（让对方获利）——这正是理性说服的三种策略呀。

利用权威人物实现说服

有一次，我受朋友邀请，去参加一个论坛。我去得有点晚，到会场的时候，台上已经有人开始讲话了。我和朋友猫着腰往里走，看不太清楚，就听到有一个老太太在演讲。她讲得不是很流畅，断断续续的，没说两句又突然说："哎哟，下面的事情我记不起来了，让我想一想。"这么隆重而正式的场合，全场几百号人谁也不说话，安安静静地陪她想。我大跌眼镜，跟朋友抱怨："这嘉宾不太靠谱啊……"朋友赶忙打断我："别瞎说，你知道她是谁吗？"我问："是谁啊？"他说："这老太太可不得了，她是贺龙元帅的女儿贺捷生，刚一出生就参加了长征，是参加过长征的红军中年龄最小的，现在80多岁了。"

等我找到自己的座位坐下的时候，老太太想起来了，又继续讲了起来，但我的感觉已经完全不一样了：虽然她讲话还是断断续续的，但我想，老人家回忆那么久以前发生的事，肯定要想好才能说的……看看，在短短的几分钟时间里，我的想法就完全转变了——老太太是贺龙元帅的女儿，正是权威的力量使我的想法发生改变。

在传播学上有这样的规律：传播者的形象对他所传播的内容有决定性影响。有的同学可能会说，我是职场小白，刚工作没多久，不是权威怎么办？那么，先让自己像个权威。比如，花一段时间阅读行业报告，了解近年来行业的发展情况；比如，阅读几本行业内大佬的传记，记下那些大佬成功的精彩瞬间；再比如，还要多背一些行业数据，有多少家在国内上市的行业内公司、大公司的营收规模有多大等。

利用从众心理实现说服

人是社会性动物，有一种常见的观点是"大多数人在做的事情一定不会有什么问题"。大多数人在做，无形中就形成了一种广告效应，也形成了一种群体压力——你不这么做，那你就有可能要倒霉了。很多创业公司在起步的时候，都要营造出产品供不应求、顾客太多、忙不过来的假象，就是想利用人们的从众心理，达成自己的目标。

通过让对方获利成功说服对方

人们之所以难以被说服，很大程度上是因为他们害怕承担决策错误所产生的成本。而当你把风险从说服对象那里转移给自己，或者由自己承担一部分之后，说服成功的概率就会大增。所以当你下一次请求老板给你加薪时，可以顺带说一句："要是我下一个季度的关键绩效指标（KPI）没有完成，老板可以把我的薪水降回到原来的水平。"把加薪之后绩效没有增长的风险转嫁到自己头上，成功的可能性一定会增加。

诉诸感性的说服

以上三种说服方式其实都是诉诸理性的，就是需要我们的说服对象去想一想，去思考之后才做出决断。但在不少场合下，我们往往在一瞬间就被说服了，糊里糊涂地接受了对方的观点，没有经过太多思考（我家中那些由女主人在销售员热情满满的鼓动下，兴致勃勃买来却只穿了一两次就再也不穿的衣服可以作证）。这种说服的方式就是诉诸感性的，它直接作用于人的潜意识，上文提到的吉姆·柯明斯把这种说服方式概括地称为"蜥蜴脑法则"：人脑的决定过程与蜥蜴脑无异，二者都在运行一种"自动式思维系统"，也就是在无意识的情况下，就做出了决定。这种提法与"人是理性的动物"的传统观念大相径庭。

那么，我们如何来实现感性说服呢？

判断说服对象

你一定要对你的说服对象有比较清晰的判断。具体在沟通中，你不仅要聚焦在一个点上——你的沟通对象到底是什么样的人，还要重点判断他的需求和他的愿望。在说服他的整个过程中，你的目的是帮助他实现愿望。

1983 年，科技史上发生了一次著名的说服事件，那就是乔布斯说服了当时的百事饮料国际集团总裁约翰·斯卡利加入苹果公司。当时斯卡利如日中天，怎么会轻易跳槽呢？乔布斯没有按常理出牌，只是问了斯卡利一个问题："你想卖一辈子糖水，还是跟着我们改变世界？"这句话绕开了权势、股票、奖金（这些都是诉诸理性的），直接呼应了斯卡利这种级别的人内心深处的渴望（"蜥蜴脑法则"开始起作用），"杀伤力"极强，最后的结果我们都已经知道了。

这个世界上说服别人的最好用的办法，就是与别人谈论他们想要的东西，并以专家的身份告诉他们如何得到它。

营造赞同感

先肯定，后说服。对比较情绪化或者观点比较激进的人，不要直白地劝说。在《战国策》名篇《触龙说赵太后》中，赵太后当时对说客非常反感，扬言说谁当说客就用唾沫喷谁，在这件事上她持有激烈的观点，这也说明她是一个比较情绪化的人。对这种人，千万不要像愣头青一样急着去推销你的观点、想法，而要采取迂回战术。触龙先去关心赵太后，消掉她一半的怒气，再说自己孩子的事，慢慢将话题引到正题上。现在的年轻人都比较情绪化，比较张扬，说服时要多以讨论的姿态跟他们聊。这样不管你说什么，他们都相对更容易接受。如果上来就否定对方，会立即激发起对方心理上的防御机制，后面的说服工作就很难做了。

给对方掌控感

这里我们做一个对比。

如果大家看过电视剧《士兵突击》或者综艺节目《真正男子汉》，就知道军营里沟通的特点了。上级直接下命令，军令如山，下级只能服从上级，没有商量的余地。你心里服不服气不重要，重要的是听指挥，这当然不是"说服"，而是"命令"。而我们要说服别人，就意味着我们并没有这样的权威和力量，所以我们一定不能这样和说服对象沟通，相反，要提醒对方或暗示对方：他有权力决定如何去做。

有人做过这方面的专业研究。2000 年，研究者在卖场中随机寻找逛街的民众，并将其分两组来做实验，一组是对照组，一组是实验组。对照组礼貌地询问逛街的民众："您好，不好意思，请问您可以借我一点零钱搭乘公交车吗？"实验组则换了一种说法："您好，不好意思，请问您可以借我一点零钱搭公交车吗？您可以选择接受或拒绝，拒绝也没关系。"注意到了吗？实验中并未提供任何其他诱因，只是暗示对方有选择权。实验结果非常惊人，只有 10% 的民众愿意赞助对照组（未提供选择权），同时竟有 48% 的民众愿意赞助实验组（提供选择权），更有趣的是，后者所获得的车费也比前者高出许多。

之所以会产生这种现象，学者们给出了三种解释：第一，选择权可能会引发对方拒绝后的罪恶感；第二，选择权可能提高了个人的社会责任感；第三，选择权强化了内在归因的可能，简单地说，将行为归因于内在特质，而不是归因于外在世界。运用"给对方掌控感"这个技巧，常常能够实现瞬间说服。

当然，在"给对方掌控感"时，也要注意看对象和环境。有一次，我到北京一所不太知名的高职院校讲课，讲到中间，我说："咱们要讲的内容比较多，中间就不安排休息了，想上厕所的同学不要打扰别人，自己去就行了。"我刚说完这句话，学校的老师三两步跑上台来，在我耳边说："您以后可千万别这么说啦，您太不了解我们学校的学生了，如果强行组织，学生们还能到场，你要这么说，学生肯定就都走了，而且也不会回来了。"事实证明，这位老师的说法完全正确。

我很无奈，我根据自己以前在高校讲课的经验，运用了"给对方掌控感"这条原理，本以为这会使得同学们不仅不会离开，反而会对我的课程更感兴趣。事实证明，这纯属一厢情愿。问题出在哪？出在沟通对象之间存在差异。对有些人、在有些场合适合给出选择，而对另外一些人、在另外一些场合，可能就不适合。其实，早在20世纪50年代，第二次世界大战结束后不久，美国社会心理学家卡尔·霍夫兰就反复研究过这个问题，他得出的结论是：对方文化水平和理解能力越高，你就越要给对方掌控感，就越要给出多种选择；反之，就还是给出清晰的结论吧。

如果你还想收听本堂课的音频内容，请在我的微信公众号后台回复"双赢"，就可以收到相关资料。

第 **5** 堂课

聚焦解决：
江湖处处是矛盾

因为经常给别人做职业规划，也喜欢体验不同的工作角色，所以我的工作经历比较多样：在强调和谐稳定的事业单位干过，在强调狼性文化的民营公司干过，目前还在创业……但不管在哪里工作，在哪种类型的工作岗位上，各种各样的无效沟通几乎就没有一天断过，每天都在轮番"上演"。

第五堂课，咱们来聊聊人际沟通中的冲突。

人际沟通中的冲突

先处理心情，再处理事情。

首先要明确一点，冲突不一定是坏事儿。在大多数人的印象中，冲突是口水与板砖齐飞的，但即便如此，冲突其实还真不一定是坏事。不信你去仔细观察下，但凡特别成功的团队，没有几个团队内部冲突不激烈的，那些特别成功的个人，也几乎都是在冲突中成长起来的。如果说有一个人天生和气，怎么着都行，都没意见，那我基本可以断言：这人没什么出息。在职场中，冲突至少能够证明，大家的心思都在某件事情上面，大家都很重视这件事儿，并且坚持自己的观点。如果大家都对结果漠不关心，肯定就不会起冲突了。

通过冲突，大家能更好地了解不同的观点，为达成最后的统一意见奠定良好的基础，这就是冲突的积极作用。相反，如果一个团队表面上一直客客气气，才是麻烦的。

有一次我应邀给一个创业团队提供咨询服务，在开会的时候，我发现这里的人说话都吞吞吐吐的，遇到了问题不说问题，似乎都在小心翼翼地防止得罪别人。我当时隐晦地提出了这一点，没想到这个团队中的一位联合创始人马上就不高兴了，她说："你可不能这么说，我们相处得很好，像家人一样，我们营造的是家文化。"

这就错得很离谱了。创业公司每天都在战场上，团队成员间的关系一定不能是家人关系，而应该是战友关系。谁上战场的时候会带着家人，这不是让他们去送死吗？相反，能掩护你，能让你放心把后背交出去的只能是战友。马上要上战场了，你看到你的战友或训练不努力，或降落伞包忘带了，你肯定会心急火燎地提醒他。你不提醒他，或者你提醒了之后，他依然意识不到问题的严重性，那么他可能会因此在战场上死掉。我们这样去理解，就慢慢触及了职场冲突的本质。

这件事情带给我们两点启发：一是不要逃避问题，二是要积极去面对和解决问题。沟通的目的是解决疑惑、建立共识并且让双方能够更加愉快地合作，而不是为了维护表面上人际关系的和谐，那样反而无法真正解决问题。等问题积累到无法解决时，友谊就真到要破裂的时候了。

其次，在冲突中，着眼点不是要证明谁对谁错，而要聚焦于解决问题。

职场中的冲突，基本可以分为两种：建设性冲突和非建设性冲突。建设性冲突，就是面向目标的，着眼于实现目标和解决问题的；非建设性冲突，是针对人的。拿足球比赛来比喻，建设性冲突是冲着球去的；而非建设性冲突是冲着人去的，这是犯规。我们在沟通的过程中，要时时觉察我们的沟通是否偏离目标，是冲着人去的，还是冲着球去的。

我有一个朋友，在一个基金会做经理，是甲方。有一次，他心急火燎地给我发信息，说他们要做一个针对全行业的培训，叫我赶紧出个方案提交上去。我一听，这是好事儿啊，就赶紧做好了方案。没想到第二天沟通时，他对我的方案避而不谈，只是反反复复地说，通过这次活动，他们基金会能获得什么好处。我听到这些话就比较生气，这不是在捉弄人吗？于是，我马上启动了指责机制，他也立即启动了防卫机制，开始强调自己的做法符合基金会的规定。其实，这就是一次典型的错位沟通导致的冲突，鸡同鸭讲，自说自话，各自强调自己的需求，却忽略了对方的需求，双方目标各不一致，也就没有达成共识。所以，当我们遇到任何沟通难题的时候，都应该先从"问问题"开始，而不是从"提出自己的要求"开始。我们需要不停地确认：我们共同要解决的问题是什么？我们现在是否在解决共同的问题？把精力聚焦在"球"上，而不是"人"上。

解决问题

在回答学员问题的过程中，我发现大家有一个共同的问题，就是大家曾经或现在都深深地陷入各种人际交往所带来的情绪之中，不能去冷静分析一下问题真正的解决之道。比如，一位学员向我提问："今天和父母又起了冲突，他们一直在强调，他们希望我找一个这样的对象，而我的想法跟他们的不一样。我爸妈非说我是错的，而我也不同意他们说的，所以我们一直在争吵。我觉得在这个问题上，我跟他们简直沟通不了。我只能排斥相亲了，因为标准都统一不了，我又怎么能去见他们安排的相亲对象？"

针对这个问题，有没有一种比较好的解决办法呢？我给大家带来一个沟通的基本模型，运用这个基本模型，大家可以自己分析判断，也可以帮助自己解决问题。至少，不要像我们前面说的那样，仅仅停留在自己的焦虑、烦躁等情绪之中，找不到解决问题的路径。这个基本模型，一共有五个步骤。

第一步：清楚自己当下的问题及问题的存在状态

首先，大家要明白，对 A 来说是问题的，对 B 来说，可能完全不是问题。A 的问题，可能是 B 的礼物。在小品《卖车》里，高秀敏问："青春痘长在什么地方不让我担心？"范伟回答说："长在腰上不让我担心。"可腰也是自己的啊，青春痘长在腰上该担心也得担心啊。所以说正确答案是："长在别人的脸上不让我担心。"所以说如果不限定何时、何地、何人、何种情况，那么这个世界上可能没有任何问题。

其次，很多时候，来咨询的学员只说出了一些现象，却没有说问题。比如有人问："张老师，我听你讲课，觉得你是个幽默的人。我也想成为一个幽默的人，我要怎么做？"其实这根本不是一个问题，自己不幽默是一个事实，这个事实，其实没有必要改变。于是我就跟这个人说："幽默只是一个事实，这个事实不一定是好事儿，当然也不一定是坏事儿，它只是我自带的一个属性而已。我没有发现，幽默这个属性给我带来了什么特殊的好处。很多我尊敬的领导、师长都是很严肃的人，基本不说笑，而这似乎也没有给他们带来什么坏处。我幽默，是因为我喜欢幽默，幽默是我自己本真的样子；而不幽默也是你本真的样子，你做好自己就行了。"

所以，在第一步，你首先就得搞清楚，自己真正的问题是什么，你不要听别人的、看别人的，要自己冷静地想一想，因为每个人的问题，只有自己最清楚，只有自己最有资格发言。你可以问自己一系列问题：

这是个问题吗？

这个问题重要吗？

为什么一定要解决它？

它持续了多长时间？我是从什么时候开始意识到的？

有多严重？

找好了问题，就可以进入我们的第二步了。

第二步：探寻问题背后的目标和期待

还拿本节起始时的这个案例来讲。因为找对象的标准不同，和父母起了冲突的那个姑娘，应该向父母说明她择偶标准背后的期待。双方标准不同只是表象，表象的背后，一定有期待的不同。我们要找到背后的那个东西，看看那个东西究竟是什么。这个姑娘想和父母搞好关系，但是现在却吵起来了。她不想跟父母吵，那么她想要的是什么呢？我们通过这个环节，其实就是要搞清楚，自己真正想要的是什么。

曾经有一个创业公司的创始人向我咨询，说他们几个股东之间出现了严重的沟通障碍，很想让我去给他们讲讲如何沟通。从他那焦急的表述中，我感觉问题可能不是简单地做个培训就能解决的，于是我就问他具体情况。聊了两三个小时，我才真正把问题弄明白。原来，他的公司是一家家族企业，家族企业的好处是，股东之间很容易形成信任关系，不必担心别人贪你的钱，不必担心别人工作不卖力。但家族企业也有个问题，就是他的这些家庭成员（也就是公司的股东们）老是挑战他，任何改革都会换来一片反对之声。然而，在对事情进行更深一步的了解之后，我发现这只是表象，其背后的问题是股权分配问题。简单地说，干活多的拿的股份少，干活少的拿的股份又多，能干的人心理不平衡。所以真正的问题是制度的不健全，应该让能干的人多获得一些利益，这就是问题背后的期待。

在这个步骤里，我们要把不想要的转变成想要的，而且一定要将想要的东西具体化，这就是我们的目标。还要设定目标达成时的状态，也就是标志性事件，要把目标场景化，越具体、越有画面感越好。假如问题是"我没钱"，目标是"我想有钱"，这是不行的。钱是用来花的，你没有钱，其实是你没有什么？钱的背后代表着什么？是房子，是车子，还是名包、名表、化妆品？每种问题背后，都代表着不同的目标与期待。

第三步：找到引发问题的原因

在这个步骤里，我们要把所有原因罗列出来，越详尽越好。

有一次参加活动，有一个女生说，自己遇到的问题是老公一下班就玩手机游戏，什么家务事都不做，也不陪自己。这该怎么沟通？

那我们来分析一下，导致这个问题出现的，可能是哪些原因。

在公司压力大，没有其他的发泄渠道？

反过来，工作太清闲，下了班就没事做？这种可能也存在。

老公不求上进？如果他足够上进的话，他可能会想要听听课、看看书。

会不会是结交了一些游戏圈的朋友，这些朋友老催他上线？有可能。

他对老婆的感情会不会在慢慢消失，下班后不想面对老婆，所以才选择用这样的方式逃避？也不能说完全没有这种可能。

……

当然可能还有其他原因，我建议她将这些原因全部找出来、写下来，实在想不出来时，我们就可以进入第四步。

第四步：用影响圈与关注圈对冲突进行归因

这是很痛苦的一步，我们要对上面的原因进行深度研究。这里我们要用到一对概念：关注圈和影响圈。

我们把周围能关注到的事情的集合，叫关注圈。关注圈是个很宽泛的概念。在关注圈里面，有一些事是自己能够掌控的，而有一些事是自己不能掌控的，能掌控的那部分被称为影响圈。今天早上我家楼下卖早点的店铺多了一家，本来有两家，现在有三家，我关注到了这个变化；还有，我发现我买的股票跌了，我买的房子升值了，我在追的美剧又更新了一集……这些事都在关注圈，而不在影响圈，因为面对这些事情，我什么都做不了。早餐店不是我开的，我也不能决定它营业与否；股票是涨了还是跌了，我肯定操控不了，我只能看到结果；至于美剧什么时候更新，我既不是导演，也不是演员，更不是电视台的，我也只能等。所以这些对我来说，都在关注圈。

有没有什么事情是在影响圈的，也就是说，是我能决定、能掌控的？有。去哪家买早点？因为多开了一家早餐店，所以我多了个选择，这在我的影响圈。手中的股票现在是卖还是不卖？我可以决定。美剧更新了，我看还是不看？我也能决定。当谈到关注圈的时候，我们只是看客，是"吃瓜群众"，但谈到影响圈时就不一样。我们要解决问题就要找到自己的影响圈。

用影响圈与关注圈对沟通中冲突的原因进行区分，就是要你在遇到事情时不要把责任推给别人，因为你控制不了其他人。对在自己影响圈内的问题，你就要想办法去解决。

那么，属于关注圈的冲突，我们要怎么面对呢？就扔在一边不管不问吗？不是。老公在公司工作压力大，又没有缓解压力的渠道，所以才会玩游戏；因为老公工作压力不大，他不思进取，所以才会天天玩游戏……这些是外在的，都在关注圈，你控制不了。我在这里送给大家四个字："而我没有……"而我没有多和他聊聊天，而我没有介绍一些积极上进的朋友给他，而我没有多为他敲警钟……这个句式，帮助我们缓解冲突，最大化地领走那份属于自己的责任。

第五步：制订解决方案并迅速行动

原因列出来了，原因的性质也搞清楚了，下面的事情就是基于目标来制订方案。把原因阶段所有自己能做的事情全部领走，将其变成方案，制订行动计划。

在这个步骤里，我们要始终明确，我们所有的判断都源于自己的价值观。开心、伤心、愤怒、委屈等都是主观感受，受价值观驱动。在执行计划的过程中，要时时审视自己的内心："如果我这样做，我会不会失去一些更重要的东西呢？"

在人际沟通中，我们一般有三个着眼点：第一，以问题为中心；第二，以解决问题为中心；第三，以目标为中心。在制订计划时要注意以目标为导向，而不是以解决问题为导向。

有一次，我和几个朋友约好，一起去某室内球馆打羽毛球。可没承想，早上起来一看，下雨了。

朋友 A 在微信群里说，找个天气好的时候再去。

朋友 B 还是要去，说我们打车去。

A 是以问题为中心的，B 是以解决问题为中心的，这其实都不是我们所说的以目标为中心。

你如果是我，你会怎么办呢？

这个问题其实并没有标准答案。我只是给大家提供一条思路，让大家体会什么是以问题为中心，什么是以解决问题为中心。对朋友 A 来说，天气不好的确是一个问题，如果我们认为问题本身是最重要的，以问题为中心，那我们就不去打球了。而对朋友 B 来说，他解决问题的能力很强，能够搞定问题，但我们从他的回复中却可以看出，他只强调了解决问题，却忽略了最终目标，用一句话总结说，就是"走了很远，却忘了为什么出发"。我们的目标是强身健体，在这个目标的指引下，我们就知道该做怎样的选择了。这种目标感，也是我一直在强调的，是贯穿于人际关系处理和人生规划之中的。

凡事必有第三解

这一节我们要讲的是，守住自己的边界。

你不是上帝，不是什么事儿都能管得了的。有些事儿注定是领导管的，有些事儿注定是其他同事管的，可能都轮不到你来管。强行去操心不该自己操心的事情，这就是很多烦恼的源泉。

不是什么事儿都能解决，不是所有的事儿都要解决，我们只沟通必须沟通的问题，只解决必须解决的问题，其他的留给上帝吧。

如果你只是公司的普通员工，那么你该汇报的汇报，该建议的建议，不要强行要求别人按你的意志办事儿，你没这个权力。你如果这样做了，那就是没有守住自己的边界。如果你是公司的小主管，那你也只对你直接负责的那一部分业务有发言权，不要想着"我是领导"，什么都"我说了算"，这才是守住你的边界。我听到过无数抱怨，当然这些抱怨都在强调：明明是别人做错了，我做对了，为什么别人不听我的。我细细问明白后发现，大部分问题都是边界不清造成的，你冲到了别人的自留地里面，妄想帮助别人解决问题，这就是自找苦头了。

要积极消除沟通方面的冲突，我们要确立一个观念：凡事必有第三解。

一般来说，面对沟通中的冲突，我们有四种态度：

坐困愁城——我避免冲突，或假装冲突不存在。这是没有办法的体现，因为知道自己没有能力解决冲突，所以启动自我保护机制，让自己看不到冲突。

孤注一掷——别人说啥都没有用，我只按自己的想法来。

左右为难——我说的有道理，他说的好像也对，不好意思，我的选择困难症发作了。

左右逢源——有三种及以上的办法。

大家可以对照着看看，自己处在哪个阶段。

我有时也露露手艺做做菜，但可惜厨艺不佳。就拿土豆的烹饪方法来说，我只会烹调一种跟土豆有关的菜肴，那就是土豆块炒肉。有人问我，为什么不切片切丝呢？不好意思，我刀功不行，切片切丝都切不好。但有一次，我和一个大厨聊天，我们说到土豆的烹饪方法，他就跟我说土豆有孜然、椒盐、红烧、麻辣、香煎、醋熘、拔丝、沙拉等多种吃法，我一听豁然开朗。

知道得少，你遇到问题，就只有一种解法（孤注一掷）；知道得多，选择就多起来（左右逢源）。你的选择少，可能是因为你的视野太狭窄了。

建立框架

建立框架这个沟通技巧非常好用，却往往为大家所忽视。

有一次，我和一个朋友一起出去吃饭。从我们落座开始，他就在那里玩手机，不是回个信息，就是接个电话，从没停过。这种情形相信大家也都或多或少经历过，我有点不开心，半开玩笑地说："这么忙，就别出来吃饭了啊。"

又有一次，我的一个学生小雨从上海过来，约我吃饭。等我们落座之后，她就跟我说："不好意思啊，蒙特利尔国际电影节要在北京搞一场新闻发布会，我负责组织这个活动，到现在还没忙完，所以一会儿可能会有很多事情要处理，希望您不要介意。"我一听，赶紧说："没事儿没事儿，你这么忙，还来请我吃潮汕火锅，很感动，你忙你的，不影响咱们交流。"这之后她果然就和我前面提到的那位兄弟一样，始终对着手机，菜也没吃。

大家注意到细节了吗？其实，这个姑娘比那个小伙子会沟通的地方，就在于她在前面做了铺垫。这个框架是一个"中断框架"，它把可能发生的冲突给消弭了。

除了中断框架，还有其他的框架吗？有，下面给大家列出其他一些框架。

时间框架。"我可能需要占用你10分钟时间，不知道你方便不方便？"这就是一个"时间框架"。我有一个朋友，是一名保险销售，他在销售时常常会遭到客户的拒绝，"时间框架"是他常用的一个小技巧。他会对顾客说："我只用三分钟介绍产品，不管你买不买，三分钟后我都会结束。"当然，他也确实能够做到不多不少三分钟结束介绍。不管最后结果如何，他的这种表现都会给客户留下深刻印象。

地点框架。在本书开始的时候，我们就提到，自我、他人和环境是人际沟通的三个要素。沟通的地点，对人际交往的结果同样有决定性影响。在职场中，沟通的地点可分为三大类：私人环境（比如家里），工作环境（比如办公室）和公共空间（购物休闲场所，咖啡馆就是一种典型的公共空间）。前两种环境也分别被称作第一空间、第二空间，公共空间也被称为第三空间。

人物框架。"人物框架"指的是提前告知参加沟通的人有哪些，各自的身份是什么，参加沟通有哪些目的或意义。未经告知便出现的人物，可能会对人际沟通产生不利影响。

目标框架。"目标框架"是指，在沟通前对目标进行约定。我们在职场中常常遇到这种情形，有了目标才会有高效的沟通。比如，我们在开会之前，最好告知所有参会人员我们的会议目标，即到底为解决什么问题而开会。

态度框架。我们坦诚，对方却不一定坦诚，这是我们要面临的风险。"我希望我们的沟通是坦诚的"，或"为了确保本次沟通能以坦诚的态度进行，我已经做到了 ×× 事情"……听到这些话，对方的态度也会有所改变。我在每次组织私人董事会前，都要求所有与会人员签署一份保密协议，这就是一种态度框架。

行动框架。"行动框架"是指，提前告知对方你可能会采取的行动。我做记者的时候，通常会提前跟被采访人说："我要录音，可以不可以？"征得同意了之后再录音，这样一般情况下对方会同意的。

冲突框架。"冲突框架"是指，提前约定好，当双方意见不同产生冲突的时候，如何处理。比如我在和下属谈心的时候，会直言："我下面会对你近两周的工作做批评，你觉得我哪里说得不对，你就立即提出来，我会认真听取你的意见。"

失败框架。"失败框架"是指，预设沟通完全失败时，我们怎么面对最坏的情况。比如，一位主管对新人说："领导对你的工作效率很不满意，委托我和你谈一次，如果本次谈话还不能解决问题，那么……"

说穿了，以上列出的种种框架的核心都是同一个：让我们的表达更聚焦。沟通的目的是减少理解失误，促进合作，有效而双赢地解决问题。这往往需要缜密的分析、对对方的理解和清晰的表达，而那些听起来似乎让人感到如沐春风实则表意含混的句子，只会让沟通事倍功半。

逻辑化表达

北京邮电大学每年都会举办学生面试大赛，只要有空，我都会过去当评委。2018年正式比赛之前，一名女生向我请教，说自己准备了一段自我介绍，问怎么改进。她的自我介绍是这样的：

　　王总您好！我是来自北京邮电大学工程管理专业二年级的郭慧莹，智慧的慧，晶莹的莹。我一直非常欣赏您公司的经营理念，也对管培生这个岗位特别感兴趣。我是一个确定目标之后，就不断适应、不断学习、做到极致的人，所以我的钢琴和声乐都练到了专业十级的水平。我也相信我在北京邮电大学社团联合会主席这个岗位工作的两年里所锻炼出的领导力、执行力，会让我更能胜任这个职位。如果您选择我的话，我会迅速成长为可以为您公司所用的人才，为您公司创造更多的效益，所以衷心地希望您能够给我一次机会，让我在这个大平台施展自己的才华。

　　我感觉她说得挺客气，但停下来仔细想一想，什么"领导力强"啊、"执行力强"啊，似乎很虚，不能给人留下深刻印象。有一个能给人留下深刻印象的点是"钢琴十级"，然而她面试的岗位毕竟不是乐团钢琴演奏，钢琴十级在工作中又用不上，体现不了实际的工作能力，所以这其实对找工作没什么用。看来这位同学的自我介绍效果并不理想。

　　表面上看，这是自我介绍的问题，其实从深层次看，这体现了沟通思维方面的不足。我在这里给大家介绍一种职场沟通的思维方式，即结构性思维，这种思维方式来源于一本书，名叫《金字塔原理：思考、表达和解决问题的逻辑》。这本书的作者是美国的一个老太太——当然，在写这本书的时候她还不老，她叫芭芭拉·明托。这本书出版于 1973 年，出版之后就迅速风靡全球。在中国也有很多讲师研究这个课题，比如王兴权老师、李忠秋老师，本节所讲的结构性思维就建立在这些前人研究的基础上。

结构性思维方式，一共有四个核心原则。

对应着这四个原则，我们只需要记住四个字：论，证，类，比。论指结论先行，证指以上统下，类指归类分组，比是指逻辑递进。具体是什么意思呢？

首先是结论先行。

这和我们中国人传统的思维模式不太一样，中国人讲求含蓄，说一件事情之前一定要做足铺垫。中国人的很多表达甚至根本就没有明确的主题句，全部说完了之后，你得自己去体悟他所讲的内容。但我上学那会儿，英语老师反复强调，英语表达讲究简明易懂，要让对方一下子就能明白你要表达的意思。

这可能体现了两种文化之间的差异。其实在职场沟通中，含蓄这个习惯并不好，很容易让沟通对象无法理解你要表达的实际意思，从而严重影响沟通效果。比如，这个女生虽然一开始就说"一直非常欣赏您公司的经营理念，也对管培生这个岗位特别感兴趣"，但"欣赏"和"感兴趣"这样的表达实在是非常含糊、非常不明确的。你既然是应聘者，你就得说你有能力做好这个岗位，而且根据结论先行原则，还得先将这个意思旗帜鲜明地表达出来。

在结论先行这一点上，政府文件是做得最好、最规范的。我手头有一份《国务院关于深入推进新型城镇化建设的若干意见》，它在"全面提升城市功能"这一项下面分了好几段，每段都有一个总述的结论，然后下面讲具体做法：在"加快城镇棚户区、城中村和危房改造"下面写的是具体如何改造；在"加快城市综合交通网络建设"下面一整段都在写如何加快建设。虽然文本比较枯燥，但脉络非常清晰，读这样的文本，你一下子就能抓住它要表达的意思。

结论先行的表达方式，大多要求先框架后细节。每段的开头先以一句话陈述整段内容的主题，之后再对主题进行分条论述。通常一段话只论述单一主题。

其次是以上统下。

上面是指论点，下面是指论据，一般我们要求上面能概括下面，下面能支撑上面。所谓"金字塔"，其实指的就是下面的论据要为上面的论点做支撑，上面的论点要统合下面的论据，上下一体，才能构建起金字塔那样的宏伟建筑。

再次是归类分组。

我以前做校友记咖啡馆（连锁）总经理的时候，常常要听取分店店长的汇报。其中有一个分店店长名叫小马，他通常是这么跟我汇报的：

> 由于学生上个月放假，咱们的营业额下降了20%。员工芳姐请假回老家了，如果你批准，她明天就走。同时，芳姐

还问这个月的工资能否提前支付给她。我们打算举办"职场电影月"活动，打算在店里人不多的时候放映电影，影片包括《穿普拉达的女王》《功夫熊猫》《中国合伙人》等。物业催我们缴纳上网费 1000 元。新入职的兼职人员什么时候去办健康证？店里的灯坏了两盏，能否批准我们重新购买？

听他这么一说，我立马头大了。一大堆琐事，我根本搞不清他要表达的重点。在这里，我们用归类分组的思维，来帮他理一理。

比如：员工请假回家、新入职人员去办健康证都可以被归入"人"这个大类里；营业额变动、交网费都可以被归入"财"这个大类里；举办"职场电影月"活动、需要采购新的灯具则可以被粗略归入"物"这个大类里。

那么除了这种分法，还有没有其他的分法？有的。我们可以将所有需要汇报的事项分成"告知项"和"批准项"两类：营业额变动、交网费之类的都属于告知项，即告诉对方，使对方知悉即可；能否批复假条、能否给员工预支工资、要不要举办"职场电影月"活动之类的都属于批准项，即如果要做需要得到对方的批准。

如果他这么汇报工作，我作为管理者，一看就明白自己要做什么，沟通效率就会提高。这就是分类的好处。

最后是逻辑递进。

讲一段话，最重要的是先梳理自己的逻辑。一个人用一到两分钟说一件事，听的人完全不知道他在说什么，这说明沟通的效果很差。

一般来说，职场沟通的逻辑有三种：时间逻辑、结构逻辑和重要性逻辑。

首先，我们来看时间逻辑。比如汇报过去半年的工作，我们可以按时间顺序说：1 月发生了什么，2 月发生了什么……一直说到最后。

其次，结构逻辑就是化整为零，从内到外，从上到下，从整体到局部。电视剧《人民的名义》里，京州市要为大风厂拆迁支付 4500 万元安置费，这时京州市市委书记李达康向下分派任务：财政局负责 2000 万元，公安局负责 1000 万元，剩下的由光明区区长孙连城负责。这就是一种把总目标拆解为不同组成部分的结构逻辑。

有一本经典的自我管理类畅销书，名叫《高效能人士的七个习惯》。书中所描述的这 7 个习惯也有先后，但它们并不是按时间顺序排列的，而是按照个人成长的不同阶段排列的，这也是一种结构逻辑。

最后，来看看重要性逻辑。比如，下面我们要完成 6 项工作，有 3 项是重点，另 3 项是次重点，那么我先说重要的工作，再说次要的工作。

以上为大家介绍了结构性思维的四个原则。我们回到本节内容开始时所举出的案例，来进一步看看这位女生面试时的自我介绍。我后来详细了解了她的情况，在此基础上，给了她一些建议，最终为她确定了自我介绍的具体内容。

"首先，我有能力做好管理培训生的工作"，这体现了结论先行的原则。之后，"我认为要做好这份工作需要三方面的能力，沟通能力、学习能力和领导能力"。接下来，陈述"在这三个方面，我取得过这些出色的成绩"，每个部分都既有论点，又有论据，这体现了以上统下和逻辑递进的原则。话不用说得很多，精炼而准确的表达，反而更能体现出一个人的职业素质来。这种结构性沟通的方式清晰、简洁，职场中人都应该学习和掌握。

经过简单的辅导和训练，这个女生后来获得了全校面试大赛的冠军。

结构性思维的核心是先总后分的思考脉络，掌握事物的本质和问题的关键，从总体到局部地鸟瞰，而不拘泥于细节。它体现了横向和纵向两种思维结构，结论先行和以上统下是纵向的，归类分组和逻辑递进是横向的。我们在思考时，既要运用横向结构拆分总体问题，又要运用纵向结构，对某些方面的内容进行深入的分析和探索。这里面的关键，其实是思维，而非语言。心中想得通达，言辞才能顺畅。我们说要结论先行，这样就逼着你去思考问题的结论是什么；我们说要逻辑递进，那你就不得不去考量一下，自己所表达的内容逻辑链是否完整和顺畅。

形成这种思维方式有什么用？能令自己的表达更加清晰、流畅、准确，能提高我们在职场中的沟通效率。我有一个学生，这姑娘长相甜美，性格温柔，工作也努力，可唯有一点，她说话办事很容易紧张，一紧张反而更容易出错。她在新浪微博工作时，曾经经手处理了在全国引起轩然大波的"郭美美事件"，从那件事以后，她就更显保守了。有一次聊天时她对我说："我一遇见领导就紧张，不知道说什么。"我问："你在什么情况下会紧张，举个例子？"她说："比如说在走廊遇到领导，领导顺口问我最近工作如何，我都会非常紧张，半天说不出一句话。"我给她介绍了结构性思维方式，并且为了让她更容易学习和操作，我告诉她可以只用一种逻辑——时间逻辑来进行叙述。"你就说，最近工作挺顺利的，上周做完了什么，这周正在做什么，下周准备做什么。"话不多，一共四句，有总有分，清晰明确，这样表述的话，她一定能在领导那里留下好印象。

结构性思维既是思维方式，也是沟通工具。很多在职场中工作多年的人没有形成这种思维方式，所以才有那么多低效沟通和无效沟通。

如果你还想收听本堂课的音频内容，请在我的微信公众号后台回复"解决问题"，就可以收到相关资料。

第

6

堂课

觉察前提：
确认安全感

有一位刚毕业的年轻人到北京发展，因为总是找不到自己的职业方向，经人介绍找到我，我就跟他聊了聊。在聊天的过程中我发现，这个小伙子虽然很焦虑，但却似乎完全听不进我的话，一直来来回回地念叨："房价这么高，工资这么低，未来怎么办？"我问他："你大学时在什么岗位上实习？"他支支吾吾地回答："没怎么实习，只卖过一些电话卡和牛奶卡。"我又问他："你平时有哪些兴趣爱好？"他想了半天，摇了摇头，表示自己没什么爱好。我听了也摇了摇头，看来这个小伙子的问题是，他的"倾听系统"出了问题。

什么是倾听

说到倾听，很多人的第一反应是：哎呀，倾听谁不知道，每个人都不可能不倾听啊，毕竟耳朵是无时无刻不在工作的。好像是这么回事儿，一个人闭上了眼睛，就可以什么都看不到，但却做不到闭上耳朵。比如，你在家里睡午觉，楼上装修时发出的电钻声十分刺耳，你恨不得上去冲着那拿电钻的工人发一通脾气，可就算这样，你也做不到关闭耳朵，不去听那电钻声。比如，你坐火车去外地出差，跟你同处一节卧铺车厢里的人有打呼噜的，吵得你晚上休息不好，你也做不到关闭耳朵，不去听那呼噜声。

要注意的是，上面两种情况，只是"听"，并不是我想说的"倾听"。

"听"和"倾听"二者之间有区别吗？

有。一般来说，字面意义上的"听"是指声波传到耳膜，引起耳膜振动后，经听觉神经传送到大脑的过程。这是一种生理过程，英语里面用"hear"来表示。而"倾听"，是在前面的过程之后，你又经历了对输入的声音赋予一定意义的过程，强调心理的干预作用，英语里面用"listen"来表示。倾听是沟通的基础，听却并不是，这就是二者最重要的区别。

一本讲沟通的书，基本都会有一章是专门讲倾听的。但我却发现，当我在把几乎所有讲沟通的书都翻完了之后，我对这个话题依然不甚了然。比如，我手头有一本号称"畅销英国 30 余年"的《沟通圣经：听说读写全方位沟通技巧》，里面对如何倾听提出了不少建议，像"做好准备去听""对别人的话感兴趣""心胸开阔""听出重点""避免分心"等，这些建议不能说写得不对，但问题是，你很难用上。

比如，"做好准备去听"。假如你的上司突然把你叫过去，对你说"由于部门业绩不好，大家要减薪"，或者你的女朋友给你发了条微信，对你说"咱们不合适，还是分手吧"……像这样的突发情况太多，你怎么能做到每次都做好准备呢？如果你真的对这些都有所准备，我只能佩服地说一句："兄弟你真是太闲了，你为这些发生概率不高的事件做好准备而耽误时间和精力是没必要的。"其实"做好准备去听"并不具备多大的实际意义。

又比如，"听出重点"。如果我知道你在一个小时中说的哪一句话是重点，那我当然就会着重记住这句话，但问题是，我怎么能知道你说的哪句话是重点，哪句话是次重点呢？而且，万一我以为的重点，不是你真正的重点，那不是离有效沟通更远了吗？所以，"听出重点"也不靠谱，很难操作。

再比如，"对别人的话感兴趣"这个技巧呢？我认为，这个技巧在日常生活中运用时也显得比较鸡肋。比如说，你非让我对天天给我脸色看、还给我减薪的领导感兴趣，我实在是做不到，你让我装着感兴趣，我太别扭了，也就更加不会沟通了。

所以，"倾听"这事儿，大家都在说，但要搞清楚真正的规律却不容易。

其实，在沟通中，关于"倾听"有一个隐秘的先决条件，那就是确认安全感。你首先要告诉自己，在这场沟通或者这个沟通场景里，自己是绝对安全的，接下来才能进行有效倾听。

建立个人安全感

我有一个学生，她是北京师范大学毕业的硕士生，毕业了之后回家乡的一所高校当了辅导员。有一次，部门安排她向领导汇报工作，需要她做 15 分钟的演讲，她紧张坏了。她在前期做了很多准备工作，把自己所有要讲的话都背了下来，还录成了视频发给我，让我提提建议和意见。我就跟她说，还不错，唯一不太好的一点是，视频中她的身体很僵硬，看上去非常紧张，这可能会让观众感到不舒服。她一紧张，听众也会紧张，那整体的氛围就不太好了。提完意见，我鼓励她："你如果能更自信一点就好了。"没想到，她却很无奈："在大学读书的时候，我就没有参加过任何的演讲活动，您叫我自信，我也知道要自信，但我哪来的自信呢？自信又不是说说就有了。如果自信说说就能有，那就太好了。"

我这个学生说的话是不是大实话？其实，我们在学习如何处理人际关系的过程中，也常常会犯这种错误：把结果误当成原因。自信，其实是一种结果，是实力、经验、临场发挥等各项要素综合起来所得到的一种结果。没有前面的因，哪来后面的果？所以，这时叫她自信，其实并没有什么实际用处。

在沟通中，"倾听"真正的"因"是个人安全感的建立。

一个强大而自信的人，常常能够做到有效倾听。

中国历史上有一篇号称"古今第一骂文"的作品——《为徐敬业讨武曌檄》（一说《代李敬业讨武曌檄》）。武曌就是武则天，这篇《为徐敬业讨武曌檄》是骆宾王为李唐王朝的贵族徐敬业（一说李敬业）起兵讨伐武则天所写的一篇檄文。这篇文章并没有像王勃的《滕王阁序》那样被选进教科书，但这篇文章文采飞扬，是唐代著名的骈文精品，与《滕王阁序》齐名，非常值得大家找来读一读、背一背。

徐敬业起兵的时候，武则天正好60岁。老太太当时的精神状态很好，她把朝中的文武百官叫过来，一起来研究怎么处理这事儿。她叫人读这篇文章，开始的时候还笑嘻嘻的，没当回事儿，但后来越听越严肃，当听完最后一句"试看今日之域中，竟是谁家之天下"时，武则天问左右：文章出自何人之手？大臣答是骆宾王。武则天回答说：这是宰相的错啊，这样的人才怎么不能为我所用，反倒跑到对手那里去了？

别人骂自己，武则天没有火冒三丈，而是仔细思考对方在说什么，还能清醒地对这个人的价值进行判断，这是很典型的倾听。当然，这种倾听是以武则天的强大和自信为前提的。

后面的故事就有点狗血了。骆宾王在文章中写自己的大军"班声动而北风起，剑气冲而南斗平。喑呜则山岳崩颓，叱咤则风云变色"，文采没得说，但文章内容却与事实全然不同。武则天大军一到，徐敬业纠集的这些乌合之众作鸟兽散，徐敬业兵败自杀，骆宾王从此不知所终。

读到这里，你可能会说：武则天当然有安全感，当然有理由自信。但我就是普通人，我每天都很焦虑，你让我上哪儿去找安全感？

这是个好问题，这个问题触及了我们这一节要讲的核心内容，那就是：安全感是自己给自己的，它并不来源于外在世界。很多情况下，你本来就是安全的，只是你没有意识到，你要随时提醒自己，只要建立了安全感就能做到有效倾听。

安全感本质上来源于你对自己价值的认可，换句话说就是：你觉得你自己值不值得被爱、值不值得别人对你好。这种认可，既可能来源于你的成功，同时更存在于你为了成功而不断努力的过程之中。一个靠着送礼上位的领导，其安全感要远远低于靠业绩立足的核心骨干。骗得了别人，却骗不了自己的潜意识，自己有没有价值，自己心里清楚（在第 8 堂课中我们还要展开讨论"价值"这个话题）。

脱去"棉衣"

与安全相对的是恐惧，要获得安全感，就必须消除恐惧感。

恐惧，在一定程度上是一件好事。我们人类有恐惧的基因，这是因为只有懂得恐惧的人才能生存，继而再把带有恐惧的基因传给后人。

其实人类最大的恐惧是对死亡的恐惧，没有任何一种恐惧能够大于这种恐惧，这是所有其他恐惧的根源。死亡的恐惧什么时候最严重？我们刚出生的时候，以及我们小时候。那时我们很弱小，如果没有人照顾，就会死亡。

有一次，我的朋友和我聊天，她说："我小时候听到别人说'你妈妈不要你了'，就会吓得哇哇大哭。长大了以后，我知道那是个玩笑，但那种恐惧感一直到现在还常常在梦中出现。"对小孩子来说，妈妈不要自己了，那种被遗弃的恐惧有巨大的力量。

我们不会一直只是小孩子，我们会长大，但心中的恐惧，一时还没有去除。其实要去除也很简单，只要和自己对话，告诉自己，自己并不存在于危险之中，这种恐惧就消除了。

就好像在冬天的时候，大家都穿上厚厚的棉衣，因为只有穿上棉衣，才能使我们不受寒冷的侵袭。然而，随着时间的流逝，冬去夏来，你要告诉自己：现在平均气温30摄氏度，已经不需要每天穿着棉衣了。要做出"脱下棉衣"这个动作并不难，难的是告诉自己：放心吧，你再也不会受冻了。

回到第 6 堂课开始时我举的那个例子。不得不说，这位年轻人的倾听系统出了问题。在沟通中，他沉浸在自己的情绪里，怎么也出不来，在这种情况下，我跟他讲再多的道理，都是没有用的。他就像一个瓶子，渴望有水倒进来，但又给自己装了一个瓶塞，把水流的路径堵住了，哪怕外面有一个太平洋，也流不进他这个瓶子里。

要让他明晰方向，首先要帮助他学会倾听，而要帮助他学会倾听，必须帮助他破除恐惧。于是我一边问他，一边帮他剖析问题，主要想告诉他，真没什么好恐惧的。刚刚毕业，谁不是从零做起，一份工作不行，还可以换份工作，北京这地方机会多得是。工资就更是一个变量了，只要学好本领，工资肯定能涨上去的。现在北京的房价是很高，但这是世界上所有大城市的通病，因为这个地方各方面的资源太好了，你支付了更高的成本但也因此获得了更好的资源。最后，我问了他一个关键问题——大家在人际交往的过程中，如果进入了死胡同，也可以尝试问自己这个问题——"你觉得，最坏的结果是什么？"他坦白，这个问题自己从来没想过。我又问："你会饿死在北京吗？"他难得地被逗笑了，很快回答道："肯定不会啊，混不下去大不了买张火车票回老家。"我穷追不舍："回老家之后呢，生活会过不下去吗？"他的神色变得很坦然，说："不会的，家里有现成的房子，找份能糊口的工作也不难。"我继续问："仔细想想，到底会造成什么不好的结果？家人和朋友对你的态度会变差吗？"

他想了想，眼神坚毅地说："那也不会，他们都巴不得我回去呢。我的家人本来就想让我进事业单位工作，只不过我觉得做公务员没意思，想来大城市闯闯。"聊到这儿，我相信所有人都听明白了，所谓最坏的结果其实也没有那么坏，一切都还在掌握之中，他并没什么可怕的。

回到上文提到的我那个要在领导面前进行工作汇报的学生。其实我们不用跟她反复说，"你要有信心，你要建立自信"。而应该请她问问自己，怕的到底是什么。你怕丢了工作？那肯定不会，在现在这个时代，即使这份工作丢了，说不定能找到一份更好的工作。怕汇报不好，领导质疑你的工作能力？也不会啊，你代表部门汇报，那些工作并不是哪个人独自做的。而且工作做得怎么样自有公论，是一次几分钟的汇报就能决定的吗？那还在怕什么呢？怕自己讲不好丢脸？这当然也是一种怕。但你本来就是个新人啊！

听了我一番开导，她终于放下了心理包袱，最终的汇报取得了成功。

3F 倾听法

倾听是人际交流的基础，所以在任何人际关系理论中，倾听都是一个要重点修习的主题。"3F 倾听法"是在非暴力对话倡导者马修·罗森博格和现代教练之父汤姆·斯通的研究结果上发展而来的，指的是在倾听时，要听到对方三个方面的信息：Fact（事实）、Feel（情绪）和 Focus（意图）。

倾听事实

倾听事实是指，不要用自己的固有观念对对方的话进行评判，而要客观地接受对方谈话中的信息。这是最基本的一个层次，但我们要听到事实也不容易。为什么呢？因为最基本的事实，也要经过说话者的加工和整理，才能被我们听到，而在加工和整理的过程中，"事实"往往会失真。

一般情况下，以下三种情况会使"事实"失真。

第一，删减。我以前做过记者，遇到过这样的事。有一次，甲把乙给打了，乙向我一把鼻涕一把眼泪地控诉甲的罪恶，把各种细节都描绘得活灵活现。可你如果把这些都写出来刊登在报纸上，那就坏了。甲就会找上门来说："知道我为什么会打他吗？他欠了我几十万，故意躲起来不说，还到处以我的名义坑蒙拐骗。不信的话，你看我这里有他亲手写的借条，还有他诈骗别人的视频证据……"这是一个简单的案例，乙说的是实话吗？是实话，但问题是，经过了他自己的删减，他隐去了对自己不利的事实。他说的话即便没有错，也已经不是客观全面的事实了。

第二，一刀切。在沟通中，如果你听到了一些一刀切的描述，你也要小心。比如，有位同学的钱包丢了，有人就判断，说肯定是某某干的，为什么呢？因为"他是河南人，河南人可不是什么好人"。这样说有道理吗？还有，一听我是东北的，很多人就问我："你们东北人都是黑社会吗？"这句话真是胡扯，我自己从小到大就没有打过一次架，当然，大家如果跟我见面也能看出来，我体格弱小，根本打不过人家……这都是典型的一刀切式的描述，我们对这样的表达一定要谨慎。

第三，曲解。曲解是指，歪曲事实，令表达契合自己的观点和角度。大家在外工作，很多同学给自己的父母打电话，举各种例子证明自己过得很好，比如领导器重，很快就要升职加薪。没有删减，没有一刀切，但为了让家人放心，选择歪曲事实。这就是沟通中的曲解，曲解不利于我们发现事实的真相。如果你是某个部门或项目的负责人，你要时时当心下属把曲解后的"事实"告诉你。

倾听感受

在倾听事实的同时，也要感知对方的感受。很多时候，人们在乎的是是否有情绪的共鸣，你和他是否处在同一种情绪中，这是第二个层面的倾听。

我有一个朋友，在互联网公司做产品经理。她和技术人员沟通需求时，为了让技术人员乐于接受，会把困难形容得微不足道，说"几行代码的事儿，你几分钟就弄完了"。但技术人员听了这样的话会怎么想？技术人员听了往往会很生气："什么？几行代码的事儿？你懂吗？你如果懂，那几行代码你自己写啊！"这样反复几次，她和技术人员的关系就变得很不好。后来，她改变了策略，渐渐从技术人员的感受出发来与技术人员沟通，沟通时先把情况简单介绍一下，然后请技术人员自己来预测实现需求所需要花费的时间，有没有可能提前完成，等等。这时技术人员就会自己判断工作，在沟通效率大幅度提升的同时，也避免了双方人际关系的恶化。

倾听意图

倾听意图是指，把握对方真的想要什么，真正的意图是什么。虽然我认为，人们在沟通中应该直接说自己想要什么，而不要说自己不要什么，这样能大大提升双方的沟通效率。但不可否认的是，中国传统的沟通习惯是含蓄，我们的沟通对象常常也是含蓄的。我们的沟通对象说出来的话，常常像朋友用快递寄给我们的礼物，我们必须一层一层把外包装剥离，才能看到这件礼物究竟是什么。

举个例子。员工 A 今天的工作完成得很顺利，忙完手头上的事情后，发现离下班还有一些时间，便想要好心帮帮员工 B："你怎么还没忙完？跟我说说还有啥没干完？"员工 A 和员工 B 是平级，员工B本来就忙得焦头烂额，听到员工A的话，心里就可能会想："我忙不忙好像也没有跟你汇报的义务吧？你以为你是谁啊？！"员工B既然这么想就可能会给出不冷不热的反应，而不是对员工A加以感谢。这样一来，双方之间就会产生误会，甚至摩擦。

　　如果你还想收听本堂课的音频内容，请在我的微信公众号后台回复"倾听"，就可以收到相关资料。

第 **7** 堂课

觉察过程：
把沟通当成礼物

第 6 堂课，我提到了一个北漂的小伙子，他一方面表达出想听的姿态，另一方面却又听不进去。对这种情况，大家有没有觉得很熟悉？他既然来找我，肯定是想听我的建议，但他又根本听不进去我在说啥，这不是有点逻辑不通吗？

真别觉得奇怪，因为这样的事儿常常会发生，它就像是一枚硬币的两面，有正面就会有反面。我在开车时常常听情感类电台节目，听众打电话给节目嘉宾时，大骂老公不忠、痛斥儿媳不孝、指责朋友背叛，表述时往往是带着某种强烈情绪的，嘉宾是明白人，他有时试图搞清前因后果，但这却往往让打电话的听众更加愤怒：他／她都已经这样了，难道你还想替他／她辩解吗？！嘉宾到最后无奈了，只好附和着骂上几句，听众这才心满意足，留下一句"谢谢×× 老师，我今天总算遇上了一个明白人"后，心满意足地结束通话。

问题出在哪？出在这些提问者心里有预设。换句话说，他们都是戴着有色眼镜来寻求帮助的，他们心中早有自己期待的回应，所以会对反馈视而不见、听而不闻。

他们不是来交流的，他们是来表演的。

他们就是我们。

你有"剧本"吗

我在华民慈善基金会做导师，华民慈善基金会每年都会启动大学生就业扶助项目，我已经连续参加了好几年。2018 年，华民慈善基金会的秘书长给我打电话，说慕梁老师您看您都参加好几年了，情况您也都了解，这次我们的导师比较多，您当个组长好不好？人家这么客气，我当然说好。我这一组一共是 9 位导师，这些导师在全国各地，互相之间也不认识，华民慈善基金会要求我们先建微信群，把大家组织起来，然后再统一安排各位导师的工作。于是我拿起手机，对着名单上的通讯录，群发了一条短信。短信的大意是，我是咱们组的组长，我叫张慕梁，请大家加我为微信好友，我会把大家拉到群里，以后我们在微信群里统一发布信息。

消息发完了，我美滋滋地等着。过了一会儿，一个导师加我为微信好友，我把他拉进微信群里；又一会儿，又一个导师加我为微信好友，我又把他拉进微信群里……突然我的手机响了，我打开一看，原来是收到了一条短信：我的微信号是××，请搜索我的微信号，并添加我为微信好友。看到这条短信，我真是火冒三丈。我心想：你这不是在搞特殊化吗？你叫我加你为微信好友，这并不难，但问题在于，如果每个人都自行其是，我这个当组长的下面还怎么统一安排工作？这么一合计，我想：不行，我不能轻易妥协。于是我又给他发了条信息，大意就是希望他能配合我的工作，不要搞特殊化。这回，对方没动静了。

过了好几个小时，几乎所有导师都成了我的微信好友，我也把他们都拉到微信群里去了。就只差一个人，就是那位发短信给我的导师。我暗暗打定了主意，如果他真要搞特殊化，我回头就跟华民慈善基金会说，我联系不上这位导师。谁知道，我正这么想着，这位导师就加我为微信好友了，我赶紧通过。刚通过，这位导师就在微信上给我发来信息，他非常客气，说："张老师，我看到你给我发的短信了。真的很抱歉，我真不是想搞特殊化，我用微信并不多，以前只操作过扫码加好友，没操作过用手机号加好友，所以还不太会操作。再加上一开始还输错了你的手机号，就更加无法添加你为微信好友了。我做的确实很不妥当。现在我找人帮忙，终于把你加上了。"

听他这么一说，我才猛然意识到，自己犯了个常见错误，那就是预设结果。在给所有老师群发短信的同时，我心中是有一个剧本的，这个剧本就是，大家都能很顺畅地操作微信这一社交软件，每个人都能轻轻松松地加我为微信好友。至于剧本之外的情况，我压根就没考虑过。所以刚一接到这位老师的短信，我的第一反应是受到了冒犯，受到了挑战，便马上启动防御机制，甚至都没有冷静下来考虑一个问题：他如果有发短信的耐心，早就能加我为微信好友了。

等这点想清楚了，我又想到另外一件事儿：这位导师说，他搜索手机号码加我为微信好友时，输错了手机号码。为什么会出现这种情况呢？如果我把自己的手机号码或者微信号码直接写在短信里，对方就可以直接复制，再粘贴在微信的搜索框里。但是我在短信里只是让大家在微信中搜索我的手机号码，那就不太方便了，因为对方有可能需要把我的手机号码背下来，然后进入微信，再按照记下来的手机号码来加我为好友。在这个过程中，弄错一两位数字太正常了。其他导师倒是没有多说话，但他们中有没有经历麻烦，最终才加上我的？我估计也是有的。

世间所有的道理，都是说容易做到难。你看，从一开始觉得被冒犯、十分生气，到冷静下来一想，你就能理解事情的来龙去脉。这是预设结果导致误会的例子，下面一个，是预设结果导致无效沟通的例子。

我有一个朋友，是一家知名外企的大区的负责人，带领着一个销售团队。他手下的一个姑娘曾经在投标时犯了个大错误，这让他怒不可遏，于是他狠狠批评了那个姑娘一顿。后来聊起这件事，我问他："你骂了她一顿，问题就解决了吗？下次她就不再犯了？"他想了想说："不会的，她下次肯定还会犯这样的错误，这次也不是第一次了，你看着吧。"我感觉挺好笑，就问："为什么啊？你知道她会犯，还不跟她说明白，那不是白骂了吗？"他说："我骂她的时候，她的态度就不好，总觉得自己很有道理。但因为她的错，价值上千万的项目可能就要泡汤了，整个团队的绩效都会受影响。"我一下子就找到了问题的核心，故意说："你批评她的时候，期待她有怎样的表现？"他想都没想，立即就说："她至少态度好点，先做检讨啊。"

让我们来品一品这句话，这句话是什么意思呢？我的朋友很明显地预设了立场，是不是和我误会那位导师时的想法有相同之处？我的朋友在批评下属的同时，就已经预设了剧本的走向，下属没有按照剧本"演"，作为导演的他就怒了。在这种情况下，对方说什么，他都是听不进去的，这还谈什么倾听呢？在这种情况下，双方的沟通根本就是无效的，怎么可能真正解决问题呢？

除了会导致误会和无效沟通，在人际交往中，预设结果还可能会遮蔽我们的眼睛，让我们看不到真相。我们前面提到过的畅销书《高效能人士的七个习惯》里面有这样一个故事：

记得那是周日早晨，在纽约的地铁内，乘客都静静地坐着，或看报或沉思或小憩，眼前一幅平静安祥的景象。这时候突然上来一名男子与几个小孩，孩子的喧哗吵闹声，破坏了整个气氛。那名男子坐在我旁边，任凭他的孩子如何撒野作怪，依旧无动于衷。这种情形谁看了都会生气，全车的人似乎都十分不满，最后我终于忍无可忍对他说："先生，你的孩子打扰了不少乘客，可否请你管管他们？"

那人抬起呆滞的目光，仿佛如梦初醒，他轻声说："是，我想我该设法管管他们。我们刚从医院回来，他们的母亲1小时前才过去的。我已经六神无主，孩子们大概也不知该如何是好。"

你能想象我当时的感觉吗？瞬间，我看此事的角度改变了，想法、感觉与行为也随之一变。我的怒气全消，情不自禁为他感到难过，同情与怜悯之情油然而生。"噢，您的夫人刚过世？很抱歉！您能向我谈谈吗？有需要帮忙的地方吗？"所有的一切就此改观。[①]

这种感觉我能够体会，因为我也曾有过相似的经历。在大学刚毕业的时候，我的工作是社会新闻记者，我常要从城市去农村采访。进入一个陌生的环境，很多事情会与预想中完全不同，如果你不能重新观察和审视，就会丧失学习和成长的机会。

有一次，我到一个贫困的农村家庭中做采访。中午，这家的爸

---

① 史蒂芬·柯维. 高效能人士的七个习惯 [M]. 顾淑馨等，译. 北京：中国青年出版社，2002: 27.

爸回来了，给孩子带了一份麦当劳套餐，有鸡翅，有可乐。我看到之后，下意识地说了一句："这些是垃圾食品，应该尽量少给孩子吃。"孩子的妈妈快速扫了我一眼，小声说："不常吃，每年一次。今天是孩子的生日，平时我们根本不舍得给孩子买。"

听了这句话，当时的我觉得很羞愧。我平时坐在办公室，吹着空调，敲着键盘，喝着咖啡，以为世界上所有的人都和我一样，这种自以为是遮蔽了我的双眼，我看不到别人，更看不到别人真正的生存状态。

预设结果是沟通的死结，会带来三个方面的沟通问题：一是产生误会，有些误会是有机会消除的，而有一些会成为永远的遗憾；二是无效沟通，双方都自说自话，这无助于解决问题；三是会令我们丧失看到这个世界的真实和美好的机会。

生活中到处是真相，但如果我们缺少一颗发现真相的心，而是戴着一副有色眼镜，那么就永远无法与别人真正有效地沟通。如果你一直预设结果，就会在自己的脑海中构建出一个你想象中的"事实"，那么在现实中和你谈话的人就变成了另外一个人，一个你想象中的人，而不是真实存在的人。有了想象中的人，你就不会再倾听眼前这个真实的人的声音。

不同意，也接受

我做杂志主编时，常常会组织一些读者见面会，请大家为杂志提些意见。读者众口难调，各种各样的意见都有可能提出来。他们有的说选题的问题，有的说图片的问题，有的说文字的问题……因为我是负责人，所以总是忍不住要立马解释。

散会之后，主管领导就和我说："我知道你很能干，而且我相信你的思路是正确的，但问题是，你的方式不合适啊。你要听读者的意见，那读者无论说什么，都是合情合理的，都是他们的个人意见。你只能认真听、认真记，他说得有道理，咱们听取，他说得没道理，咱们不听不就行了嘛，主动权在咱们这儿啊。你一下子辩解了那么多，反而背离了读者见面会的初衷：第一，人家是来提意见的，不是来听你上课的；第二，你这么能解释，你让后面的读者是继续提意见还是不提啊？"

这件小事对我影响很大，后来我也琢磨这件事。现在咱们一起来复盘一下，在这件事上，我犯了几个错误？

第一个错误就是，对读者提出的问题立马进行回击。这种态度反映了我缺乏安全感的一面。读者问题所涉及的部分，正是我试图创新的部分，换句话说，也正是我没有底气的部分。如果我很有底气的话，就不会一下子"炸"了。他一下子戳到了我的软肋，我立即启动了防御机制。我当时就完全没有觉察到，没有试图告诉自己：

我是主编，读者的意见并不能削弱我的权威，虚心纳谏才能为我加分。相反，我的领导就能认识到，他明确地跟我说，"听不听的主动权在我们这里"。

第二个错误就是，我对读者要说的话有心理预设。召开读者见面会就是要听取大家的意见，但为什么人家真的提了问题，我却听不进去呢？很简单，因为我心里预设他们可能会夸奖我们的杂志，但他们没有夸，反而提出了我们杂志存在的问题。就像考试一样，我预设了一个考试大纲，但出题者从考试大纲之外出题了，这弄得我很被动，我不由自主地着急了。

第三个错误，其实是第一个错误的延伸，那就是倾听的姿态不正确。

在人际沟通中，你以一个什么样的姿态来倾听别人的话？一般有两种情况：第一种是你同意对方说的，那么你们之间可能会有很好的互动；第二种是你不同意对方说的。那这时怎么办？第二种情况是人际沟通的关键，也最能体现出水平。这就像一个段子中描述的那样：有人问一个丈夫，说你和妻子结婚后谁说了算？丈夫表示，如果意见相同就听我的，如果意见不同就听她的——这说白了不就是听老婆的嘛。所以，意见不同才是重点。我们认为，最好的姿态是：不同意，但接受。

领导的那番话，就是"不同意，但接受"的完美注解。首先听完人家在说什么，不打断，不解释。这就是所谓的"拿来主义"，先拿过来，之后再看看我们吸收什么，扔掉什么。也是《论语》里面说的，"择其善者而从之，其不善者而改之"。

在职场沟通中，我们千万不能简单地说：他说的对，我要听；他说的不对，我就没必要听了。这里要强调的是，我们认为的不对，是从我们自己的角度出发来看的，所以其实未必是准确的。

销售团队主管在面对自己口中那个"总觉得自己有理""拒绝检讨"的小姑娘时，暴跳如雷是没用的，平心静气地摆事实讲道理也是不够的，"是什么原因导致了她的表现（拒绝倾听主管的话）"，这才是真实的问题，这才是解决问题的真正抓手。

不妨把每次沟通当成未知的礼物。当这件礼物被送到我们手上的时候，它是放在包裹里面的，我们要做的是：第一，先收下来；第二，把包裹打开，看看里面是什么；第三，看到了是什么之后，再决定我们如何反馈——是喜欢还是不喜欢，是否要对朋友表示感谢。如果没有收下来这个动作，当然就谈不上看看里面是什么及如何反馈了。所以，接受是第一步，也是沟通的基础。有了接受，才可能具备沟通的智慧。

曾经有一位年轻的创业者在我组织的私人董事会上提出了这样一个问题：他无法和自己的创业合伙人有效沟通。

他与合伙人的分工是这样的：合伙人负责产品，他负责营销。他们一个产，一个卖，本应配合得不错，但合伙人和他在很多问题上有分歧。而且合伙人总把想法埋在心里，不说出来，直到问题很严重时才会爆发，为时已晚。

私人董事会上有人问他："你们是不是在公司发展方向上面有分歧？"

他说："不会不会，我们好着呢。"

又有人问他："你们两个人之间有没有闹过什么别扭？"

他又说："没有没有，我们彼此认可，他人很好，我也很好，我们配合得非常好。"

大家没辙了，就说："那估计你们之间也没有什么问题吧？沟通中各自有一些不同的观点也是非常正常的。"

他又说："不是不是，问题已经很严重了。我的合伙人平时不表达观点，事情做起来之后又提，这令我很烦。再这样下去，我们非得散伙不可。"

听到这里，我听出了点门道，对他说："到现在，你还在指责你的合伙人，说一切都是他的问题，但其实问题很可能出在你身上。为什么你的合伙人不愿意和你分享想法？可能是因为你太强势了。我们问了几个问题，都是刚开了头，就叫你堵回来了。可想而知，你平时和他沟通，也差不多就是这个样子。他不是没有想法，他只是说不过你啊，你口才太好了。"

听我这么一说，他静静地想了想，表示赞同，还说以后要注意一下。先不要急着堵对方，先听听对方说了什么。

要使对方有意愿接纳你的意见，还可以使用一点小技巧。我在培训中常运用一个小游戏，游戏效果不错，我在这里推荐给大家。

在职业培训师培训中，学员——也就是未来的职业培训师——会遇到各种各样的情况，我要求他们必须培养倾听的习惯，于是教给他们三个句式：是的，没错；你说得非常对；没问题，就按你说的办。把这些话说完之后，才能进一步表达自己的真实意思。

为了训练这些未来的职业培训师，我会在现场安排这样的场景：

模拟问题：老师，今天你讲的是如何倾听吧？

TTT 学员：是的，没错。

模拟问题：我觉得你讲得很不好，纯粹是浪费时间。

TTT 学员：你说得非常对。

模拟问题：那我能要求退费吗？

TTT 学员：没问题，就按你说的办。然而，咱们的费用不仅包含要支付给我的费用，还包括其他老师的劳动所得，咱们是不是把所有老师的课都听完，再做决定？

把这个场景从培训课堂上推广到生活中，我们来看看如何运用。

一名销售遇见了一位难缠的客户。

顾客来骂街了：你们公司卖的产品是假冒伪劣产品，你的服务也非常差。

销售：您消消气。

顾客：你必须加倍赔偿我的损失，否则我要到工商局举报你们。

销售：没问题，就按您说的办。但您在举报之前，能让我听听产品的问题出在哪吗？

总之，这几个句式有神奇的魅力，不信的话，你读完这一节之后，回去找一个人试验一下，沟通的感觉立刻就会不一样。

性格不同，礼物不同

面对同一件事情或同一种状况，我们的想法不一样，我们的感受不一样，我们的做法也会不一样。这个句子里面有三个关键点：想法不同、感受不同，做法也就不同。它们分别对应的是：

思维模式不同；

情感习惯不同；

行为方式不同。

这些不同，不是人们长大成人后才突然出现的，而是在人们很小的时候起就开始一步步形成的。我本科学的是新闻专业，大学毕业后就在报社工作，与各种各样的人打交道。十几年前的一个夏天，我在长沙《潇湘晨报》实习。那时的都市报处在发展的顶峰，报社搞了很多社会公益活动。其中有一次，报社组织了一批小孩子（基本是小学生）来报社参观和演出。在现场，每个孩子的表现都被看得很清楚。他们的表现完全不一样：有的老老实实坐在那儿，虽然他们也很好奇报社是什么样子的，但他们很矜持；有的很兴奋，又跑又叫，家长管也管不住；有的明显表现出社交属性，会主动和别的小朋友交流，甚至和报社的编辑、记者交流，一点也不害怕。我印象最深刻的是，有一个戴着眼镜的小男孩，看到我在电脑上打字，慢声细气地说："我觉得你打字连不快。"这个"连"字是湖南方言，表示强调。当时我已经用五笔打字很多年了，在周围的人中，我的打字速度是最快的，听他这么说，我的鼻子差点都气歪了。那时的小男孩，现在估计已经大学毕业进入职场了，但十几年前的那个夏天，他的那种又骄傲又稚嫩的神态，瞪得大大的眼睛，微蹙的鼻头，我到现在都还记得。

大家看，从小时候开始，每个人的思维模式、情感习惯和行为方式就不一样了。你能说谁好谁坏，谁对谁错吗？显然不能，正是因为每个人的性格不同，我们的世界才这样缤纷多彩。

每个人的性格为什么会不同呢？大致有三个方面的原因。

一是遗传。子女天生像父母，这是刻在 DNA 里的。

二是原生家庭的影响。家庭教育是会影响孩子一生的。我在网上看到一个笑话：

> 小明考完试回家，拿考卷给老爸看。
>
> 老爸："数学 58 分！"
>
> 小明点点头。
>
> 老爸："语文 59 分！"
>
> 小明浑身颤抖。

空气凝结，气氛无比恐怖，小明感到有一场暴风雨将要
来临，战栗不安地等待世界末日的到来……

老爸深吸一口烟，说："小明啊！你……有点偏科呀！"

这虽说是个笑话，但我们想一想，这个笑话中孩子听到爸爸的
话会有怎么样的感受？和那些考试成绩不好，回家就要被暴打一顿
的孩子相比，他对人生的心态、对事物的心态大概会乐观得多，对
别人也会更友善，即使他的成绩不好，他的情商却有可能比那些考
取高分的学生更高。考试的分数，毕业了基本就用不着了，但性格
会伴随着人的一生。我们常说"性格决定命运"，就是这个道理。
有不少科学研究都表明，那些社会上有事业、有声望的人在他们的
学生时代，考分反倒并不太高。这些人之所以能取得成功，应该说
在性格养成方面受到了来自家庭的积极影响。

三是社会的塑造。江山易改，本性难移。从心理学上说，性格
具有相对的稳定性，但也不是一成不变的。在生活中，我们也能见
到这样的现象：一个小伙子在遭遇到家庭或事业上的重大变故之后，
性格由急躁变得沉稳了；一名粗心的员工因为跟着一个极为严格的
领导，慢慢也变得严谨起来；一个姑娘在结婚生子之后，其心态和
结婚前相比可能有极大的变化……这些都是因后天影响而最终导致
性格、心态变化的案例。

在不同的性格的影响下，沟通对象所做的"好"或"坏"的价

值判断，是完全不同的。而对如何区别、判定不同的性格，早已经有了相关的研究成果，比如性格色彩学、大五人格理论等，当然还有些人研究星座、生肖、生辰八字，这些也算是性格分析理论，但在科学性上可能差一点。这些理论各有侧重，但都可以用来分析我们的沟通对象。

介绍一种测评工具

在所有的人格分析工具和理论里，九型人格是起源最早的，大概可以追溯到 2000 多年前的古希腊时期，且经过不断的解读、补充和完善，九型人格到今天已经比较成熟了。现在很多大公司，像苹果公司、惠普公司、华特·迪士尼公司，都把九型人格当作自己培训员工的课程，通过九型人格来帮助员工提升人际沟通效率以及管理能力。

什么是九型人格呢？简单地说，九型人格把人分为 9 种类型。

1 号人格是完美型：关注过程、细节、瑕疵等。有一次，我发了一条只有 8 张图片的朋友圈，大家都知道，发 8 张图片，就会空出一张图片的位置，于是有人就给我提意见，说我这么发，是会逼"死"强迫症的。留言的朋友，可能就是这类人，注重细节，追求完美。

2 号人格是爱心型：关注别人的需求。我在体制内工作时，曾经当过团队领导，有些下属会对我表示出特别的关心：早晨起来发信息给我，告知我天气变化，叮嘱我防寒保暖带雨伞……但随着我从体制内辞职，这个待遇自然就没有了。这能说明对方是爱心型的人吗？显然不能。所以我要强调一下，我们今天说的所有人格状态，都是在没有任何外在压迫的情况下自然形成的。2 号人格的人，对别人的关心发自本能：你刚想去夹菜，他就已经把菜夹到你的盘子里；你刚刚喝了半杯水，他就已经帮你添上了；你刚刚需要擦擦手的时候，他已经把纸巾送到你的手上了……并且他能够感受你的感受，同理心特别强。

3 号人格是实干型：关注结果，且自我感觉良好，不太关注其他人的感受。所以 3 号人格的人很多时候人际关系都比较一般。我们在机场，常常看到书店的电视里放映着成功学课程，课程中那些"只为成功找方法，不为失败找借口"的人，都属于这一类型。

4 号人格是浪漫型：关注内心感受的浪漫主义者，常常活在自己的世界里。4 号人格的人不甘平庸、追求独特，忠于自我、不媚世俗、细腻敏感、富有创意。卢梭说过一句话："我未必是出类拔萃的，但我一定是独一无二的。"这句话是他们的真实写照。4 号人格的人从事艺术工作的很多，著名歌手王菲便是其中的典型。她在唱歌的时候，一句多余的话都没有，完全沉浸在自己的世界里。如果说 3 号人格的人害怕自己不成功，那么 4 号人格的人害怕的则是自己不独特——和别人一样，就没意思了。

5号人格是知识型：关注事物的本质。5号人格的人是"知识就是力量"这句话的忠实信徒，他们既不在意自己是否成功，也不在意自己是否独特，但如果别人知道的知识点，他们不知道，那他们会感觉特别不舒服。读大学时，我们几个同学一起打电脑游戏，大多数人把游戏当成娱乐，但有个同学就会寻找各种资料来阅读，搜集各种攻略，让自己很快成为这个领域的高手。这个同学就是5号人格的人。大学里的教授、宅在家里研究技术的程序员，很多都是5号人格的人。

6号人格是忠诚型：关注潜在风险，忠于朋友和自己的信念。如果哪位读者是企业人力资源部的负责人，在测试后发现求职者是6号人格的人，一定得把他们招进公司来，因为他们大多靠谱。虽然他们不喜欢冒险和惊喜，生活中缺少浪漫，也不喜欢独自下决定，或公开表达自己的立场，但是他们就像武士，忠于君主，尊敬祖先，遵守伦常，锲而不舍，身处逆境也绝不动摇。要补充的一点就是，6号人格的人常常焦虑，他们希望自己能居安思危、有备无患，所以他们常常要保持高度的警惕，预防不利的事情发生。6号人格的人中的典型代表是诸葛亮。

7号人格是活跃型：关注生活的乐观主义者。7号人格的人是欢乐的象征，拥有积极、乐观的心态，他们的口头禅是"天塌下来有高个子的顶着呢"。他们会不断发现生活中的惊喜，有时还会自己创造惊喜。他们对新事物充满好奇心，乐于接受新事物——当然，他们往往缺少恒心和毅力。7 号人格的人精力旺盛，热衷于登山、游泳、唱歌等娱乐活动，也热爱美食，火烧眉毛了他们也要先享受一下。我有一个朋友，今天去美国，明天去迪拜，他并不是很有钱，有时穷得都要跟别人借钱度日了，但不影响他拿到工资后再去尼泊尔玩一圈。至于回来之后日子怎么过，他并不想考虑太多——对 7 号人格的人来说，没有什么比玩乐更重要了。其他的事情，等玩够回来再说吧。他们推崇的是"快乐工作，快乐生活"。那么，7 号人格的人害怕什么呢？他们害怕不好玩，害怕生命中还有空白，害怕被束缚。

　　8 号人格是领袖型：关注权力。8 号人格的人有着顽强的意志和不服输的精神，当他们遇到困难时，不会退缩，而是竭尽所能地抵抗，不达目的誓不罢休。他们不愿意展现自己软弱的一面，相反，他们会用各种方式证明自己的力量。比如 8 号人格的人会大声地说出自己的想法，或用激烈的言辞、肢体动作表达自己的情绪。在他们的眼中，听从别人的指示就输了，按别人的意见行事就错了，这些他们都不接受，他们希望掌控一切。他们很少妥协，愿意为自己的意见坚持到底。人类是群居动物，有社群的地方，就不可避免地有领导，就像是一群羊中会有领头羊，一群大雁也会有头雁一样，8 号人格的人特别愿意挺身而出，扮演领导的角色。像乔布斯就是 8 号人格的人。

9 号人格是和平型：关注平静。人与人之间的和睦、事情的顺畅推进，是 9 号人格的人努力追求的目标。他们有一颗宽容的心，愿意聆听和包容不同意见，一般不会拒绝别人的要求。他们一般拥有较强的亲和力，态度上平易近人，是职场中人缘最好的人。说到这里，可能有同学会说，那多好呀，我们是不是都要为变成 9 号人格的人而努力？答案是否定的。因为他们常常因听从别人而丧失原则。一件事情，有时他明明知道自己是正确的，别人是错误的，也不会坚持，妥协的结果往往是为自己和团队带来损失。而遇到困难和负面情绪时，他们往往并不会直面，而是选择逃避或麻醉自己，因为这样能够避免冲突。在职场中，他们常常不怕烦琐、麻烦的工作，比如整理文件、核对报表、客户服务什么的，他们都能胜任。还记得我们前面提到的 3 号吧？这些工作在 3 号人格的人看来，根本不能带来任何成就感，没有任何意义，所以他们是不会做的。但 9 号人格的人不这么看，他们会享受这样的工作，因为在这样的岗位上，可以不用表达自己的观点，让自己沉浸在平和的情绪里。

学习性格分析，对人际沟通有哪些好处呢？

首先，这告诉我们，任何一种人格类型都不能简单地用"好"和"坏"来判断。有人说，我想当领导，是不是要成为九型人格中的 8 号，机会才最大？不是的。每种人格类型的人都有当领导的，而且都有可能当得很好，他们的区别在于领导风格。曹操、刘备、孙权可能都是好领导，都带领自己的团队取得了成功，但他们的领导方式就完全不同。

其次，我们学习了人格类型，就等于拥有了一把尺子，能大致地量一量沟通对象的类型，也就能大致地了解对方的基本行事风格，大致了解对方在乎什么、讨厌什么，在这个基础上，做出最有利于自己的选择。

比如，我前面提到 6 号人格的人很容易就会感到焦虑，焦虑是他们自带的属性，那么在面对这个类型的人的时候，你是否还有必要反复强调问题的严重性，给对方更大的压力？就不必了吧。

比如，你是个爱迟到的人，却不小心让一个 1 号人格的人等了10 分钟，那你惨了，你跟他怎么解释都没有用，他早已经把你归类到不靠谱的行列里了。而假如你面对的是 2 号人格的人，你只需要告诉他你技术不好，怕出问题而不敢开快车，他会立即理解你，还会安慰你：晚点就晚点呗，交通安全才是大事儿啊。

我在这里要特别强调两点。

第一，有人说自己有强迫症，有人说自己有拖延症，有人说自己太苛刻，有人说自己没原则……其实这些是问题吗？我认为不是问题，与其说这些是问题，不如说是特点。所以每个人都不必为此而感到苦恼，我们只需要记得，让它们保持在合理的范围之内，不要向不健康的方向发展就可以了。

第二，甲之蜜糖，乙之砒霜。你以为是缺点的那些特点，在别人看来可能恰恰是优点。我们要明白，世界上的大多数人注定和我们不一样。这样想来，我们在沟通中就没有理由不接纳、不包容了。

　　如果你还想收听本堂课的音频内容，请在我的微信公众号后台回复"礼物"，就可以收到相关资料。

第 堂课

觉察关系：
气场究竟
是怎么一回事儿

在人际交往中，"气场"是一个提及率非常高的词。

相传清朝光绪年间，孙中山从国外归来，到武昌时想拜见湖广总督张之洞。他走到总督府前，递上名帖，上书"学者孙文求见之洞兄"。张之洞看了很不高兴，问门官："来者何友？"门官回答："是一儒生。"张之洞便在名帖上写了一行字，交门官退回孙中山："持三字帖，见一品官，儒生妄敢称兄弟。"孙中山看后微微一笑，也在名帖上写了一行字："行千里路，读万卷书，布衣亦可傲王侯。"再请门官将名帖呈给张之洞。张之洞看了，不禁暗暗称奇，急命门官开门，迎接这位风华正茂、博学多才的读书人。

好一个"布衣亦可傲王侯"，当时的平民百姓孙中山想见一品大员张之洞，没有畏畏缩缩，而是大大方方、从容不迫，这种气场是怎么来的呢？

人脉的源泉

在我被问到的关于人脉的问题中,有两个我觉得比较有代表性。第一个问题很简单:我在什么样的圈子里能接触到牛人呢?第二个问题也很简单:如何认识优秀的人?其实这两个问题表达了同一个意思,问题简单,答案也很简单:提升自己的价值。你想认识优秀的人,你自己必须是个优秀的人,就这么简单。

假如你是个在电影厂门口等活儿干的群众演员,一天挣几十元钱,那你的圈子必定是很有限的,圈子内可能就是周围的一些群演朋友。

而如果你是有一定社会知名度的演员,你塑造的角色能被群众认知,走到大街上也有人能认出你来,那你能触及的资源就可能很多,可做的事情也可能很多。

而再往上走,你是顶级演员,比如像成龙、李连杰这样的,那你能接触到的资源就又不同了,你可能会接触到顶级企业家、顶级教育家,甚至还能接触到国家领导人——顶级的政治家。

我注意到一个现象,就是人脉资源的积累能够跨行业进行,而不仅仅局限于本行业。这就像漏斗,越是下面面积越小,越往上走面积越大。你要想在更大范围内建立人际关系,你就必须尽可能站在漏斗的顶端。也就是说，你先要在本专业、本领域内拿出成绩来。

价值是人际关系，或者说人脉的源泉。而一个人会有多种价值：比如你业余时间爱捣鼓电脑，很多人电脑坏了就会想到找你来修，这就是你的价值的体现；比如你会炒股，别人对股票一知半解，炒股时就愿意来听听你的意见，这也是你的价值的体现；又比如，你特别会买衣服，所有闺蜜想逛街、想买衣服的时候都会想起你，其实这也是你的价值的体现。只要你有，而别人没有，且轻易也学不会的，都可以说是你的价值。价值的概念是很宽泛的。

下面，让我们思考一下，微商的名声很坏，但微商有价值吗？答案不能一概而论。如果微商真的能提供物美价廉的商品，那也是有价值的。优质、便宜，又能为顾客节省时间，当然有价值啦。但如果提供的都是假冒伪劣产品，这样的微商就没有价值。

我的朋友圈里就有这样的人，不知道哪一天，突然做起了微商，售卖各种各样你能想到的和你想不到的产品。按他们自己的说法，这些产品无一不是大有来头且价格很高的，但又无一不是在正规商场及京东、天猫的正规网店买不到的。有一次，有一个朋友请我支持一下她的店铺，我看也没看，就下单支持了一下。虽然有我的支持，但我的支持很显然不够，她没过两个月就收手不做微商了。估计是当朋友里愿意支持她的人都支持过之后，她就再也卖不出去货了。

　　这说明一个问题：你想做生意，那么你给别人提供的东西得真有价值，真能帮别人解决实际问题，而不是透支你的人际关系。这次人家帮了你，却被你坑了，以后肯定就不会再轻易帮你了。你为了这么一点点钱，透支了你与别人的人际关系，这是一笔非常不划算的买卖。

　　早些年我刚来北京工作时，一个与我有一面之缘的姑娘在网上向我借100元钱充电话费。我就帮她充了，她满口应承说回北京之后就把钱还给我，结果我后来再也没能联系上她，给她充话费的那次，就是我们最后一次沟通，后来也不知道她去哪儿了。

　　这件事情从我这方面看，我损失了100元钱，但实际上我是感到庆幸的，因为我只花了100元钱就认清了一个人，避免了日后可能会遭受的更大的损失，我觉得非常划算。从她那方面看，她只获得了100元钱，却失去了我这个朋友，失去了我未来可能能为她提供的更多的帮助，比如做职业生涯规划、推荐工作等，这类事儿我都为朋友做过不少。这类骗子的可悲之处在于，他们能骗到的，都是有意愿帮助他们的人。当他们把愿意帮助自己的人骗光了，剩下的都是不愿意帮助他们的人。这样一来，人际交往就走到死胡同里了。这种捡了芝麻却丢掉西瓜的事儿，本书的读者们，你们千万不能学。

基于价值的人际关系

我常常在社交平台上收到私信，发这些私信的人，当然都希望我能够认真回复。然而，私信很多，时间又有限，我肯定无法一一回复。大部分得不到回复的私信，"模样"都差不多："慕梁老师您好，我大学毕业××年，××专业，在职业道路上非常迷茫（或遇到了××问题），希望得到您的指导。"

我给大家"翻译"一下，这些私信大致提供了如下信息：老师您好，我听了您的课，或看了您的文章，觉得很有帮助（得到了好处），所以我还想您继续帮助我（希望继续得到好处）。

这种沟通会显得说话人气场很弱。弱到什么程度呢？弱到我根本就不想回复，弱到我想忽略他的存在，忽略他的提问。

普通人的思路是：我从你这里得到了好处，所以我要回馈你。《诗经》里面有一句"投我以木桃，报之以琼瑶"，就是这个意思。但我要强烈地建议本书的读者们，不要被动地等待，不要等木桃到手之后才报以琼瑶，而是要换个思路，先给别人木桃，让人家还我们琼瑶。

这就是"牛人"的思路：虽然我现在没有从你那儿得到什么，

甚至将来也未必能得到什么，但我愿意先给你好处，甚至持续地给——这就是所谓的广结善缘了。如果你想做个处理人际关系的高手，你一定不能说，"凭什么我要给你好处，你又没给我什么"。从自己身上哪怕找到一点点有用的东西，都要呈现和施予对方，这是气场修炼的起点。

那些左右逢源的人的一个基本特征就是：人们觉得跟他们打交道有好处。反过来，大多数人在人际交往中的想法一般是：跟他交往，我能得到什么好处？当然，这里的"好处"不一定是钱，好处的范围很广泛。"你会打《王者荣耀》吗？打得怎么样？我是游戏高手，可以带你一起'飞'啊！"打游戏虽然只是娱乐活动，但对游戏"菜鸟"来说，有高手带着玩儿就是一件好事，会更容易过关和升级。

给别人好处的前提是：你自己得有。这就又涉及人际关系中的核心关键词——价值。价值有两方面的内涵：一是自身有价值，二是你所在的平台有价值。

首先是你得有价值，然后才能把价值展示或者传递给你的沟通对象。

我在网上看到一个关于人性的小测验。一个微信好友有 4000 人的知乎用户发了一条朋友圈，伪造了自己的知乎数据，结果炸开了锅，收获了无数点赞和评论。以往无论他在朋友圈发任何类型的内容，比如好玩的段子、理性的思考，总有些人从来不会跟他互动。可这条伪造的朋友圈一经发出，各种平时不搭理他的人都来评论点赞，各路牛人也主动来问他的知乎账号（ID），他还接到了许许多多的"幸会""惭愧"和"有眼不识泰山"。最后，他感慨地说："你不能不承认，人本性就是'趋炎附势'的，就是喜欢锦上添花，而不喜欢雪中送炭的。这很正常，也很残酷。"

其实与这相似的经历，我也有过一次。我在创业黑马工作时，有一个创业黑马的学员与百度公司的创始人李彦宏长得有几分相像。我觉得好玩，就和他拍了一张合影，还把照片发到朋友圈里，没想到大家还真把他当成李彦宏了，于是点赞和评论很快就达到了我发朋友圈以来的峰值。这让我有几分尴尬，那位学员根本就不是李彦宏，我也从来没想到这哥们还真能以假乱真，让朋友们误会。

世界就是这么残酷，你没有价值，就很少有人愿意和你交往。而且人总是肤浅的，总是更愿意通过一些外在的标签来快速认识一个人，而不愿意花费时间和精力去发现一个人的内在美。所以不要怕被贴标签，最悲哀的是，在你身上掘地三尺也找不出可以贴的标签。

不管是修电脑，做炒股咨询，帮助买衣服，还是提供更划算的商品，这些都是有价值的，都能体现你的专业价值，所以最重要的是你要有专业价值。换句话说，你是干什么的，就把什么事儿干好。

这种由自己专业能力而带来的人脉是最多的、最长久的，也是对个人发展最有用的。曾经有不少朋友有这样的担心，问我："我个性比较内向，不太会说话，不擅长人际交往，我该怎么办呢？"我说："没事儿，你不用焦虑，你该干什么就把什么干好，这本身就是在积累人际关系。"

我曾经组织思享同道读书会的小伙伴们去草原自驾游。草原中有一个景点叫七星湖，湖边立着 12 块石碑，每块石碑上都刻着一个星座的性格特点，大家就各自找自己的星座合影。我顺口就说了一句："星座拿来娱乐是可以的，但要真正知晓一个人的性格，用星座分析就有点儿戏了。阿道夫·希特勒是白羊座的人，这一星座的人普遍热爱和平、热爱小动物。从这里你就能看出来星座有多不靠谱了。"

听我这么一说，他们就问："那什么靠谱？"我说："专业性格测评靠谱啊！"这时大家就很好奇，围着我问一些性格测评方面的知识，有两个朋友还直接预约了做测评。性格测评是职业生涯规划的一部分，当然是我比较擅长的部分，我只通过这样一个很小的点，就让大家对我有了认同、有了尊重，这就是专业的力量。

专业能力强的人，本身就具备了话语权。说实话，你的人际关系处理得怎么样，不能说与口才没有关系，但关系没有大家想象得那么大。阿尔伯特·爱因斯坦是一个公认的不会交际和情商低的人，但没办法，他智商超群，在本专业领域是权威，所以愿意结交爱因斯坦的人也很多。大家可以抽空读一读爱因斯坦的传记，尤其是不善言辞的朋友们，读一读会让你信心大增。

我曾经问过不少人一个问题：马云和俞敏洪，他们之间有什么共同点？他们的共同点就是，他们现在都很成功，而他们在成功之前，都是英语老师——注意，是英语老师中的佼佼者。马云曾被形容为"可能是杭州英语最好的人"，他正是因为英语好，才被杭州市政府委派去向一家美国公司讨要投资款。马云也正是因为此次美国之行，才有机会接触到互联网，才有后面的阿里巴巴网络技术有限公司（以下简称为"阿里巴巴"）。俞敏洪老师的英语强到什么地步了呢？他能背下整本《牛津高阶英汉双解词典》，可以说强到了匪夷所思的地步了。

这两个人现在都不教英语了：马云经营互联网企业，俞敏洪现在的主要精力则放在管理和投资上。

他们的成功至少给我们两点启示：第一，把本专业做到最好，你就为未来的发展打下了良好的基础；第二，这些良好的基础，不会因为你不做原来的业务了就不再牢靠，相反，你的能力得到过认可，你做其他的事情，别人依旧会帮你。换句话说，由于你专业能力较强而积累的人脉，会越来越多，而不会失去。

有的同学会说，那我不像他们那样强、那样优秀，我该怎么办？

也好办，首先，你只要比你周围的人好一点就行了。好一点是好多少呢？达到 10% 以上。如果人们能看出你和其他人的区别，在需要选择的时候，就会选择你。而如果达不到 10%，人们有时候会看不出区别来，那么你就别怪别人看走眼了。举个例子，比如你是做销售的，别人一个月完成 100 万元的销售任务，你如果更优秀一些，能完成 110 万元，那么你在人际关系中，就具备了优势，愿意结识你、愿意给你机会的人会更多。注意，这里提醒大家一下，这种优势是呈指数级增长的。并不是你比他强 10%，你的机会就比他多 10%，而是多得多，比如说多 90%，甚至 100%。我用四个字来解释这种现象：赢家通吃。

其次是有平台，也就是有人愿意为你背书。用最通俗的话说，说你行的人自己得行。你在一家业内领先的大公司工作，你的交际圈子里都是名流，只要这些平台和这些达官显贵愿意为你背书，那么你的价值就会大幅提升。当然，有人为你背书又是以你自身的价值为前提的。你没有能力，这些大公司为什么要招聘你？招聘了你，你在位置上能坐得稳吗？

我看过王宝强的传记，王宝强一无所有地来北京打拼，最困难的时候连饭都吃不上，但是凭借自己的不懈努力，他最终在演艺圈为自己争得了一席之地。真正让王宝强大火的是一部现象级电视剧《士兵突击》。大家都知道的是，他在里面扮演许三多，但大家可能不知道的是，这个角色并不是他自己想演的，更不是他争取来的。当时有两个角色摆在他的面前，一个是《士兵突击》里的许三多，还有一个是一部武侠剧的男主角。王宝强从小在少林寺学功夫，心中一直有个武侠梦，所以想接拍后者。然而著名导演冯小刚的太太徐帆却坚持要他演许三多，还向《士兵突击》的导演康红雷极力推荐了他。当时王宝强心里是犯嘀咕的，那时已经有一部军旅题材的电视剧《亮剑》火遍了全国，在他看来，在短时间里又有一部同题材作品大火的可能性不大，避开这个题材才是明智的选择。但他没想到，《士兵突击》一播出，这个傻里傻气的许三多就成了新一代的"国民偶像"。

我也有一些在军队服役的朋友，他们可能没有看过《亮剑》，但提起许三多，却没有几个不知道的。甚至有不少军人是因为看了这部电视剧，才决定投身军营的。我还有一个在华为技术有限公司做 HR 的好朋友小熊，看了电视剧之后，被许三多的精神所感动，自称"突迷"，还决定发扬这种精神，做点有意义的事儿。什么事有意义呢？建希望小学。一转眼，她为这份事业已经坚持了 10 年，现如今已经建成了 9 所希望小学，第 10 所也在建设中。每次说到这些，她都滔滔不绝，很为自己坚持的事业感到自豪。我也觉得很感慨，用 10 年时间坚持做一件事情，并且小有成就，这事儿说来简单，其实很难，确实没有几个人能够做到。很多人嘴上说说可以，真正做起事情来，两个月都坚持不了。《士兵突击》这部电视剧的影响力之大，可见一斑了。

王宝强能够拿到这个角色是因为他得到了徐帆的极力推荐。为什么徐帆的推荐在康洪雷那儿那么管用？这其实就是因为"说你行的人自己得行"。

那么徐帆为什么会看好王宝强？那是因为在冯小刚导演的电影《天下无贼》里，王宝强的表现令冯小刚满意。那么冯小刚为什么能慧眼识珠，相中王宝强？因为王宝强此前拍过《盲井》，而王宝强出演此片时年仅16岁，是被当时名不见经传的导演李杨从1000多个北漂青年中挖掘出来的。

那么李杨为什么看中了王宝强？这就又回到价值内涵的第一点上了。因为他有憨厚质朴的形象，以及坚持不懈的努力。他珍惜自己获得的每个机会，很多时候没有台词，很多时候甚至根本没有正脸，但无论什么时候，他都非常拼命地演。当替身时，别人都假摔，只有他真摔。没有人要求他非这样做不可，但他就是这么拼，有时甚至把自己摔得一周都起不来床。别人做不到的事情，他能做到，这是什么？这就是价值啊！我们当然也承认机遇、贵人这些因素在成功中所起到的重要作用，但外因必须通过内因起作用，关键还是在于自己得能力过硬，有独特价值。这就是价值的两种内涵的关系。

修炼气场的其他技巧

修炼气场的第一个方面是，提升自己的价值，尤其是专业价值。这一点我们曾经多次提过，在此不再赘述。

修炼气场的第二个方面，就是要取舍自如。换句话说，别给自己那么大压力，你即便做得不够好，也没有关系。如果患得患失，反而会让自己的表现变形。

有一年，我在北京某高校参加职场活动，有个姑娘应聘销售的职位，其中一个嘉宾——现任海尔集团全球人才平台总监的蔡元启当时向她提了一个问题："你给一个客户打电话，他很不耐烦，一直推托说自己要开会，这时你怎么办？"这个姑娘想了很多办法，也提供了不少说辞，但说来说去，老蔡一直笑而不语。直到最后，老蔡揭晓谜底："你应该赶紧忘记他，抓紧时间去找下一个人，你跟他没有缘分。"

"去找下一个"，如果抱定这样的态度，你就会做到宠辱不惊，就不会那么患得患失，就能够让自己的气场强大起来。

修炼气场的第三个方面是，如果你和你的沟通对象有私交，就能在很大程度上缓解你的紧张情绪。两个人如果没有什么私下交流，在职场上纯粹是上下级关系或合作关系，那么彼此之间的沟通就会有些僵硬。而如果有过私下交流，比如说平时一起玩玩游戏、打打球、逛逛街、做做美容等，互动多了，互相了解的程度也深了，沟通自然就顺畅了，气场也自然不会被压制了。

第四，要选择或打造有利于自己的沟通环境。你与他人谈话时的气场，会受到客观环境的影响。当你感觉自己的气场可能会弱于对方时，你不妨选择在对自己有利的环境中与对方沟通，所谓地理优势就是这个意思。对手很强大，你就拉他到你的主场，然后利用主场优势来中和掉他在气场方面的优势，这是一个好选择。比如进行商务谈判，你到他那里去可能谈不成，但把他叫到你的办公室来，就有机会能谈下来。如果你没有自己的办公室，也没有关系，你可以组织一个饭局，邀上自己的三五好友，再早点过去简单布置一下，那么这个饭局本身就是你的完美主场。

气场是人的综合素质的外在体现，虽然我们常说，某个人气场强大，或者某个人气场被压制了，但其实气场并不是客观存在的，而是一种主观感觉。这种主观感觉对沟通有很大的影响，所以我们要避免气场被压制的情况发生，或者尽量减弱自己气场被压制的程度。

总结一下：首先，你自己一定要有价值，要全力展现价值，你用自己某些方面的价值或者特长，增强自己的气场，双方的气场就平衡了；其次，我们要把心态放平稳，要明白有些人是你的菜，而有些人则注定不是，在沟通中不要太过患得患失；再次，我们可以跟气场强大的沟通对象多多发展些私人关系，那么再交流时就不太会被气场问题干扰了；最后，选择或打造有利于自己的沟通环境。

　　如果你还想收听本堂课的音频内容，请在我的微信公众号后台回复"气场"，就可以收到相关资料。

第

9

堂课

心态的选择：
从巨婴到自主

我的学员洋洋是某珠宝公司的HR，负责公司旗下各门店的招聘工作。有一天她来找我，给我讲起她面临的一个解决不了的问题。

　　洋洋最近招聘了一个新人，这个新人是一位40多岁的大姐，她之前一直在自己家开的工厂和门店工作，从来没有在真正意义上的职场闯荡过。这位缺乏工作经验的大姐来面试，洋洋本来不想要她，但在言谈中，这位大姐对工作表现得非常渴望。洋洋推测，这位大姐家里可能发生了什么变故，所以她突然出来找工作，虽然没有经验，也缺乏专业知识，但她有一颗坚定的心。洋洋心想，那不如就帮她一下，所以就把她安排到公司旗下的一家商场做销售。结果这位大姐刚刚办理完入职手续，就在要来上班的前一天，打电话过来说不来上班了，也不说原因，再后来就干脆失联了，这让洋洋很郁闷。

　　洋洋没想到的是，过了几天，这位大姐竟主动打电话过来，表示还是想回来上班，前几天不接电话是因为家里临时有事，希望洋洋能再给她一次机会。洋洋看她态度很诚恳，就去领导那里请示，又经过一番争取，领导终于同意她回来上班。

这次这位大姐也真的来上班了，但洋洋没想到的是，她只上了一天班，就把整个班组的人全得罪了，大家一致要求立即结束她的试用期，让她走人。洋洋去找大姐了解情况，大姐说："你们把我派到业绩不好的店，这对我进一步发展意义不大，我要去业绩好的店。"洋洋强忍着怒火说："不好意思，我们这里人员结构稳定，其他的店暂时不缺人。"听到这儿，大姐就表示要辞职，说完她一声招呼也没打，就离开了。

本来以为这事儿彻底结束了，可没想到又过了几天，洋洋再一次接到大姐的电话，大姐说："我考虑了一下，我还想回去上班……"到这个时候，洋洋即使脾气再好，也无法再忍了，直接就拒绝了她。大姐便一直给洋洋打电话，从周一打到周末也不停歇。

你能做什么

当我听到这件事情的时候，我的第一反应是：你确定这不是编的？你确定你没有在跟我开玩笑？

洋洋拿出手机，让我看未接电话，果然有几十个。她这时一脸的无辜，一脸的无奈，仿佛这件事情就真的解决不了一样。

我对这个案例很有感触。我是想说这个新员工素质太差、太不靠谱吗？我是想给大家分享解决这个问题的方法吗？其实都不是。让我最有感触的是洋洋说这番话时的情绪，她在表述的整个过程中都流露着"我都仁至义尽了，你为什么还这么对我"的负面情绪。

大家来品一品这个句式："我都这样了，你为什么××？"这句话的落脚点是谁？是"我"还是"你"？是你，不言而喻。错的是谁？是你，你应该改。

这里面有两个问题：第一，洋洋的这种情绪是不是正常情绪？第二，这种情绪能解决问题吗？

我先回答第一个问题，应该说这是正常情绪，也是正常反应，大多数人都会做这样的反应。我再来回答第二个问题，这样的情绪应该说是没有用的。你在这里呼吁应聘者改，她听不到，更重要的是，即便她听到了，她改得了吗？大家基本可以断定，她是改不了的，40多年她都这么过来了，凭你一个做HR的小姑娘说上几句就能让她改？让她更反感你，从而在这条路上走得更远，反倒大有可能。

在人际沟通的过程中，当你把发泄情绪放在第一位的时候，常常会忽略了解决问题本身。当你的时间和精力集中于抱怨指责他人的时候，你就不能算是积极主动。

在这里我们要回顾一下第五堂课中为大家介绍过的两个概念——"关注圈"与"影响圈"。你会发现，洋洋完全停留在关注圈，陷在自己的情绪里指责和抱怨，心里只想着"我怎么遇到这么个'奇葩'"，而忽略了自己真正应该做的事情。她没有反思：当这个求职者开始露出不靠谱的端倪的时候，我有没有及时警告她、震慑她、让她悬崖勒马？当她第一次要求回公司工作时，如果我没有轻易相信她，而是做出理性客观的分析，那么还会有以后的事情吗？事情已经到了现在这一步，我是不是真的就没有办法了呢？洋洋说了很多别人的问题，在整个过程中，却唯独忽略了自己要做的事情、自己要承担的责任。

每个人都是从婴儿时期成长到现在的，但从婴儿时期开始是怎么一步步长大的，大家估计都忘了。婴儿胖胖的、小小的，被裹在襁褓里，不用操心一个月房租多少，能不能吃上饭，最近是不是变老了或者变丑了，谁对他有意见……他什么事儿也不用想，什么事儿都不用做，渴了就哭，饿了也哭，冷了热了也都用唯一一种方式——哭泣来表达。他一哭泣，大人们就赶紧过来看看发生了什么事，并且帮助他把问题解决掉。

很多职场中的新人往往一副婴儿做派，年龄不小，个子很高，但思想和行动都比较幼稚，心理上还是小婴儿呢。这类人就是职场"巨婴"。

在婴儿时期，你一哭闹就会有人哄你、照顾你，但在职场完全不一样，没有人有义务照顾你。

那洋洋该怎么做呢？

第一，洋洋可以直接告诉这位大姐，不接纳她是公司的决定，自己也帮不了她。第二，洋洋可以从个人角度出发，祝愿这位大姐未来工作顺利，有个好的发展。第三，还可以多关心大姐为什么会这样，是不是家里有什么困难，看看能否用其他方式帮助她去解决问题。既晓之以理，又动之以情。第四，洋洋是不是也可以诱之以利？告诉大姐在这儿工作没有她想象中轻松，同时还可以推荐她去其他公司工作。第五，洋洋还可以警告她：你要是再打骚扰电话，我就报警了，你跟警察说去！其实这些办法都可以尝试，每种办法都是一种选择。你要为你自己承担责任，别人没有义务再来哄你了，你的命运掌握在自己手里。

我采访过一位全国特级教师。她从师范学校毕业后，先在初中工作，因为教出来的学生成绩不错，就被调去高二当老师。教了两年高二，学生成绩还是不错。这时，她已经教书5年了，想着是不是可以往上面冲一冲，去带带高三学生。如果学生高考成绩好，那就意味着她取得了更大的成功。可惜，就在第二届高二学生期末考试之后，校领导突然跟她说，她的班级会由别的老师接手，她继续教高二，不带高三。照理说，这事对她来说是个打击，有些联想丰富的人也许会想：顶替我的人可能有后台，或者跟领导有什么不正当交易等。然而她并没有这么想，而是在短暂的时间内就调整了心态，之后又立即投入到教学当中了。

她对我说："正是因为我留在了高二，才有更充裕的时间思考和成长。反过来，如果我当时能带高三学生，我就不会有时间来从容地打磨自己的教育思想，提升教学品质，我就可能不会取得现在的成绩。同时，在教高二的时候，我遇到了我人生中最重要的一个贵人，也就是我的恩师。恩师很快就要退休了，在退休之前我能遇到他，是我的幸运。"

她在整件事中没有怨天尤人，而是看到了事情背后的积极意义，这本质上是一种从自我出发，对自己负责的态度。

积极带来好运

好些年前发生的一件小事让我印象很深。当时我去参加一个培训，培训的主题是萨提亚家庭治疗模式，就是讲家庭是如何深深影响一个人的生命轨迹的。课程讲到一半，老师说："过一会儿请现场的每名男生都和一名女生共同组成一个模拟家庭。"我一听，赶紧四处搜寻，突然就看到一个温婉可人的女生。圆圆的脸蛋，大大的眼睛，长长的睫毛……我心想，如果我能和她组成一个模拟家庭就好了。

过了一会儿，老师说："下面请现场的每位男生都去邀请一位女生。"我摩拳擦掌，想赶紧过去和那个女孩说明自己的想法，但就在迈步的前一刻，我突然想起一连串问题：这个姑娘还是单身吗？她会不会已经有男朋友了？甚至还结婚了？如果她已经不是单身了，她会怎样想我？她的男朋友会怎样想我？他们会不会觉得我居心叵测？甚至觉得我是个"色狼"？如果那样的话，可就不太好了……正在我拿不定主意的时候，坐在我身边的一个男生"嗖"一下子就跑了过去，将那个女孩子牵了过来。这时，我感觉天昏地暗，心里后悔极了。

然而，这还不是故事的高潮。

故事的高潮是，那个姑娘很开心很大方地对那个男生说了一句话："谢谢你选择了我。"

我就站在他们的旁边，每个字都听得真真切切，瞬间受到了伤害。

通过这个小故事，我想告诉大家的是，在沟通的过程中，要秉持一种非常重要的态度，那就是积极主动。积极主动，既是一种沟通的态度，也是一种人生态度。凡是最后取得成功的人，几乎无一不是积极主动的人，消极被动的人只能给积极主动的人让路。

要做到积极主动，要战胜害怕丢脸、害怕失败的心理。而且你不要预设立场，不要胡乱猜测对方的想法，你的猜想很可能全部都是错误的。你唯一要做的，就是清晰、明确、直接地表达自己的观点。

一位在知名基金会做理事长的前辈跟我讲了他自己的经历。有一次，他坐火车出门，朋友开车把他送到了火车站。下车之后，理事长发现自己没有带钱，因为他平时都有秘书和司机跟着，所以没有带钱的习惯。上火车之后，他肚子饿了，看到自己旁边座位上那个人带了很多吃的，一路上一直在吃，理事长觉得更饿了。他说："我当时就在想，如果他邀请我一起吃，我应该会很愉快地接受。"但理事长自己不好意思提出来要吃别人的东西，这种肚子饿的状态就一直持续到整个行程结束。

理事长的这段经历其实和我自己的那段有相似之处：我没有清晰、明确、直接地表达自己的想法，以至于没能和这个姑娘组成模拟家庭；而理事长也没有直接和别人沟通，别人自然也不会意识到，坐在他旁边那位衣冠楚楚、气宇轩昂的老兄，正在对他的烤鱼片、火腿肠垂涎三尺。其实，我们这时不如开门见山，开诚布公地说出自己的想法。

我们在决定做一件事情的时候，这件事情就必定会有两种结果，第一是成功了，第二就是失败了。可失败了又怎么样呢？其实失败了也无所谓。刘邦失败了那么多次，只在垓下赢了一次，就建立了汉朝；马云失败了那么多次，最后也成功建立了阿里巴巴。幸福的人是与海拼搏葬身海底的人，不幸的人是在海边徘徊不定的人。所以大家千万不能学我，胡思乱想，最终白白把机会浪费掉了。当然，我浪费掉的不只是机会，还有宝贵的时间成本，因为如果你没有胡思乱想浪费时间，可能还有机会干出别的更有意义的事来。

积极主动还要求你必须具备恒心和毅力。很多时候，成功就诞生于再坚持一下的努力中。当别人把你从大门推出去的时候，你可以再尝试从窗户钻进去；当别人又把你从窗户推出去的时候，你可以再试试从烟囱爬进去。一种方法不行，我们可以尝试采用多种不同的方法，来达到我们要达成的沟通目标。

我自己常常有这样的经历，在谈判桌上怎么也谈不拢的项目，换个环境再与对方沟通，比如在自己家里、去酒吧，可能就谈成了。这体现了怎样的原理？其实所有的沟通，一定有三个要素在同时发挥作用，那就是自我、他人和环境，这三个因素是互相作用、互相影响的。这也启示我们：当外界沟通因素发生变化时，人往往就会跟着改变，以前听不进去的话可能换个环境就会听得进去，如果我们能够坚持，沟通就会迎来转机。所以有时，我们为了促成改变，可以有意识地为沟通对象换个环境。

积极行动

积极主动在处理人际关系时具有重大的意义，那怎么落实在行动上呢？我在这里分两个方面给大家介绍。

首先，如何积极主动地结交陌生人。

在很多聚会场合，我们可能都有一些想要结识的目标人士。要名片、记电话什么的都有些过时了，目前最有效的方式当然就是添加对方为微信好友了。添加微信好友，就是沟通的开始。那么，如何添加呢？冒冒失失地跑过去，问："我能加你为微信好友吗？"这当然也可以，但显得有些唐突，也没有技术含量。

你想添加对方为微信好友，便于以后联系，可以有多种办法。比如，和他聊起共同的朋友或者是行业权威，你可以说："×× 我认识，我有他微信，我推送给你？"这样对方一般不会拒绝，而你也有一个顺理成章添加对方为微信好友的理由了。比如，可以聊聊一本书、一部电影、一篇自媒体文章或者一门网络课程，你可以说："我把分享链接发给你？"这不就加上微信好友了？

当然，你可能会一脸无辜地说，"你说的这些名人微信，我没有啊"，或者说，"我一下子找不到对方喜欢的书和自媒体文章的链接啊"。好办，你先答应下来，之后再去找嘛。有一次，我去参加一个活动，主办方的一个工作人员跑过来，主动问我："酒店比较封闭，里面网络信号不好，您要不要用酒店的 Wi-Fi？"他这么问我，我当然说："好啊，密码是多少？"他回复说："密码比较复杂，要不您加我微信好友，我给您发过去？"于是我的微信好友又增加了一位。

以上所有这些成功的案例里，发出请求的人都要从容镇定，不要慌张，更不要紧张，要给人一种"我也有料"的感觉，而不是简单地攀附和巴结，在加微信好友成功之后要及时发送自我介绍来强化自己在对方心中的印象。

其次，如何积极主动地维护熟人关系。

人际关系的一大禁忌，就是你只有在需要寻求帮助的时候，才想起来去找朋友。平时不烧香，遇事抱佛脚，这是不行的。你非但寻求不到想要的帮助，反而会伤害与对方的关系。所以，我们要注重维护与熟人的关系。

比如，你出去办事儿，看哪位朋友离得比较近，就联络一下，说："我到某某处办事，你有空吗？有空的话，我们可以一起吃顿饭。"当然，如果你特别想维护这段关系，是否顺路都没关系。这里要注意的是，一定要提前约，至少要提前一天约，不能搞突然袭击，那是不尊重人的做法。

比如，还可以适时关心一下对方的子女，没有人会拒绝对自己孩子的善意，推荐辅导班，告知学区房房源信息之类的，都是不错的选择。

比如，大家可能会常常换工作、换手机号码等，这些小变化都可以成为日常联络或温情小聚的理由。你换了号码，可以就此给长时间不联络的领导打个电话，说："领导我换号码了，这是我的新号，怕您不知道，打电话告诉您一声。"中国有句俗话，叫"礼多人不怪"，说的就是，你礼节多了永远不会有问题。你做这种告知，似乎是有些啰唆，但领导肯定不会这么想，反而会觉得自己受到了尊重。而且你尽管放心，你告知了之后，领导绝不会说："啊，我知道了，你挂电话吧。"他一定会问"小张你最近在干什么啊"或者"顺利不顺利"之类的问题。这时，如果你有事儿求领导，你一定要忍住。你如果这时说出去，领导一下子就会怀疑你打这个电话的动机。你最后的归结点一定是约见面，有什么事儿要求领导见面时再说。

如果你还想收听本堂课的音频内容，请在我的微信公众号后台回复"积极主动"，就可以收到相关资料。

第

10

堂课

交际的选择：
人脉也有断舍离

前面 9 堂课，我们讲的都是"如何做加法"，其实在真实的人际交往中，我们也要适时做减法。我们觉察到有些人不太适合做我们的朋友，就要主动出击，结束和某些人的关系，以免这些关系在未来给我们造成更严重的困扰。有些人的表现总是让人难以接受：当你刚开始做一件事情，他们就在团队里传播负能量；你刚有点成就，他们就说你取得成就全靠走后门；看到路边停靠了共享单车，他们就会去恶意破坏，或者把共享单车据为己有……可能有些人还是想要感化和引导他们，但作为一名人际关系的研究者，我可以直截了当地告诉大家，我们都做不了上帝，如果你身边真有这样的人，你应该做的事情是，及早跟他们说再见。

人脉断舍离

我们要把一些人从人际交往的名单中剔除，根据自己的情况进行人际交往的"断舍离"。

"断舍离"的概念最初由一位名叫山下英子的日本女性提出。她被尘世所累，到山里寺庙修行了几个月，回来之后大彻大悟，写了一本书，名字就叫《断舍离》。

山下英子讲的"断舍离"，其实是对待身边物品的一种态度。我把它引入到人际关系领域，解释一下"断舍离"在人际关系领域的概念。

先说"断"。断，就是断绝，我们在与人交往的时候，不该结交的人不要结交，不要让这样的人进入到我们的圈子中来。

坐地铁的时候，我们常常看到有些创业者拿着手机，让所有乘客扫描自己手机上的二维码，添加自己为微信好友，还可以自由浏览自己的朋友圈内容。表面上看，微信好友人数越来越多，实际上却连一个知心的都没有。这就不好。

再说"舍"。舍，就是舍弃。为什么要舍弃？人脉不是越多越好吗？答案是否定的。

我们前面提到美国著名的销售大师乔·吉拉德，他乐善好施，交游广泛，但多年来，他的朋友一个个离去，他因此参加了不少人的葬礼。参加得多了，他就发现了一个现象：参加一个人葬礼的亲友人数一般是 250 个左右，有的稍多些，有的稍少些，但总围绕着 250 这个数字上下浮动。他于是深受启发，提出了在社交领域影响深远的"250 定律"。

乔·吉拉德是实战派，他凭借自己的观察最终得出了结论。而理论派——牛津大学教授罗宾·邓巴，则提出了著名的"邓巴数字"，即"150 定律"。他运用模型，经过复杂的测算，得出了一个结论：我们的社交圈与十几万年前没什么区别，个体能够认识、信任，并且在感情上信赖的人不会超过 150 个。

好，不管是 150 个人还是 250 个人，这就是你人际关系的上限了。咱们微信好友最多可以有 5000 个，可你的人际交往圈子真有这么大吗？从这两个数字中，我们得出了一个基本结论，那就是：你的时间和精力是有限的，如果不舍弃一些，就无法建立新的关系。

舍有两种。一种是被动舍弃。每到大学毕业季，很多同学领到了毕业证，吃了散伙饭，此后便是离别。与闺蜜相约常联系，相约着交男朋友互相把关，相约着参加对方的婚礼，可这次离别或许就是永别。在四年的时间里，我与大学时期的好友形影不离，曾经相约一起做一番事业，但是我来了北京，而他则先去了新疆生产建设兵团，后来又去了海南。十几年过去了，我们再也没有见过面。你说这遗憾吗？遗憾，但这就是人生，这就是我们成长过程中必须面对的。我们要做的是什么？其实只有两个字——珍惜，珍惜当下，珍惜跟自己的好朋友、跟自己的亲人相处的点点滴滴，当总有一天要离别的时候，你才不会那么后悔和遗憾。

还有一种是主动舍弃，也是我们要讨论的重点。

世界上总有一些人，他们的下限，你是永远理解不了的。

那么要主动舍弃哪些人呢？

一是要舍弃那些秉持双重标准做判断的人。在职场中，你帮他他认为是理所应当；但反过来，你有求于他，他就要跟你好好讲讲条件。这就是双重标准。而那些真正铁面无私，对别人严苛，对自己也严苛的人，我觉得倒是很可爱，也很值得尊重。我们舍弃，指的是舍弃那些有双重标准的自私的人。

二是要远离那些为了实现目标不择手段的人。

我的一个朋友，去校友的公司上班，结果没多久就离职了。我很奇怪，问她原因，她就跟我抱怨："嘴上喊着好朋友，做事却一点也不讲情义、不讲信用，一声招呼不打就把工资全扣了。看在是校友的份上，我不想给学校抹黑，不去告他。但是我感到很伤心，很没劲，还因此失眠了一夜。"

她抱怨的那个老板，其实我们都认识。那个人倒不是说犯了什么不可饶恕的错误，但他总是会为了达到目的而不择手段，把自己的快乐建立在别人的痛苦之上。这样的人脉关系，你最好也要舍弃，他或许会成功，但你在他身边会过得很不舒服。

三是那些自我感觉良好但实际能力不强的人，我也建议你尽早远离。这些人，水平不见得怎么样，架子却不小，你对他好，他不会感激你，相反，他只会觉得，自己已经厉害到让所有人都不得不去巴结的地步。那些最有成就的人，往往是谦虚的人。而这种生活在自大的虚幻世界里的人，你应该及早远离。

最后说"离"。我们要通过不断地"断"与"舍"，反复进行自我训练，使自己能够突破心灵的羁绊，放下心中的执念，彻底脱离那些需要舍弃的人际关系。

关于拒绝

当对自己的人脉进行断舍离的时候，10 次中有八九次都涉及拒绝。当你决定断舍离的时候，你就要拒绝别人，当然反过来也是一样的，当你开始拒绝别人，就是人脉断舍离的开始。

拒绝，其实谁都会。有人问我："怎样拒绝别人呢？我这个人哪都好，就是不会拒绝，这让我常常完不成自己的本职工作，还让领导对我意见很大，我也不知道该怎么办。"我看过很多资料，比如有些文章会列出学会拒绝的多种办法：第一，说你没时间；第二，说你自己身价很高；第三，谦虚点，说自己也完不成……这些当然都没有错，但也都没有解决关键问题。关键问题其实不是"不会拒绝"，而是不知道"什么时候该拒绝，什么时候不该拒绝"。

举个例子。假如说，我让你现在从高达330米的北京国贸大厦顶层跳下去，相信你这时候一定会拒绝，因为你很清楚，跳下去就没命了——很多人虽然在工作上常常犯糊涂，但在生存问题上，头脑还是清楚的。跳和不跳，各有什么利弊，他们心里是非常明白的。

人们为什么不知道什么时候该拒绝，什么时候不该拒绝呢？因为人们对自己的认知不够，并不知道不拒绝的话会发生什么——结果当然不会像跳楼的结果那样明显。

电视剧《欢乐颂》里面有一个情节：当曲筱绡深夜在家开派对扰民时，安迪直接报了警。曲筱绡不忿安迪的"小题大做"，上门理论，安迪说：

> 你不需要知道我是谁，你只需要知道我是2201的业主。我已经查过上海的噪音扰民标准：从晚上10点到第二天早上6点，声音超过50分贝都算是扰民[①]。现在已是深夜12点，我用iPhone自带的分贝测试软件测过你房间的音乐，已经超过70分贝，我报警很合理。当然，如果你有什么异议，你也可以随时告我。我需要睡觉，我不想再告诉你一遍。如果再有下一次的话，我不会像今天这样等15分钟才报警，我会立

[①] 根据国家《城市区域环境噪声标准》，居住、商业、工业混杂区，昼间标准为60分贝，夜间标准为50分贝，超过标准即为扰民。——编者注

即报警，而且向你索赔。①

当邻居深夜发出噪音打扰到自己时，安迪不是上门大吵大闹，更不是自怨自艾抱怨不休，而是冷静地查询相关法律，测量噪音分贝，然后报警。当邻居因此上门理论时，安迪没有一句指责和抱怨，只是冷静地陈述事实（"我是 2201 的业主"和"你房间的音乐已经超过 70 分贝"）、表明感受（"我需要睡觉"）、提出警告（"再有下一次的话，我会立即报警并向你索赔"）。简简单单几句话，不吵不闹，不吼不叫，就让气势汹汹的曲筱绡无言以对、铩羽而归。

我看过某微信公众号推送的一篇文章，说安迪的这种做法是低情商的表现，但因为她实力很强，所以情商低也没有关系。其实这样的观点完全是错的。

和很多现在我们耳熟能详，但其实诞生不久的新事物（例如微信、共享单车等）一样，情商这个概念出现的时间并不长，而且一开始是以"情绪智力"的面貌出现的。

之所以研究情绪智力，是因为学者们发现，同样生而为人，有的人能够获得成功，走上人生巅峰，而有的人却终其一生碌碌无为。这到底是为什么呢？

人们最先想到的是智力差异。比如，高考的时候，有人的数学

———————

① 此处对电视剧《欢乐颂》的台词进行了删改。——编者注

能考 150 分，英语也能考 150 分，面对着这样的"学霸"，你肯定地佩服他们。他们智力超群，我们把这种人，叫作高智商人群。

然而，渐渐地，人们发现情况不对劲了：为什么有些人在各种智力测评中表现一般，但最终也取得了成功呢（《射雕英雄传》的男主人公郭靖就是最经典的例证）？为什么有些智商超群的人，一生最大的成就就是考上了 ×× 大学，此后便沉入茫茫人海？

于是，研究者试图搞明白，除了智力之外，是不是还有其他因素在影响人的一生。所以研究者建立了多元智力指标体系，还发展出了"情绪智力"这个概念。1990 年，两位著名的心理学家，耶鲁大学心理学系教授彼得·萨洛维和新罕布什尔大学心理学系教授约翰·梅耶首先提出了"情绪智力"的概念。那时，他们把"监控自己和他人的情感与情绪，对其加以识别，并用得到的信息指导自己的思维和行动的能力"称为情绪智力。到了 2000 年，综合 10 年的研究成果，他们进一步将情绪智力界定为"一种与认知运作有关的心理能力"，并在此基础上，最终确定了情绪智力的四个维度。

第一，情绪感知和表达能力。即从自己的生理状态、情感体验和思想中辨认情绪的能力，表达情绪的能力，以及从他人的语言和活动中辨认情绪的能力。

第二，情绪引导思维的能力。即使认知、推理、决策和创造性行为更为有效的能力，包括情绪对思维的引导、情绪对信息注意方向的影响、情绪对解决问题的影响等多方面的能力。

第三，情绪理解能力。即认识情绪体验与语言表达之间关系的能力，理解情绪所传达的意义的能力，理解复杂心情的能力，认识情绪转换的可能性及原因的能力……其中最基本的是，使用特定的词来命名情绪，并能有效辨别它们之间的关系。

第四，情绪管理能力。即根据所获得的信息进行判断并恰当地进入或脱离某种情绪的能力，调节自己以及他人情绪的能力……其最佳的表现形式是，利用或者调节所产生的情绪，而非消除或者控制情绪。

注意看，这里面的第一条，就是"感知和表达"情绪。换句话说，如何表达情绪，也是情商的要义之一。

如果要用几个最通俗易懂的词组来概括"高情商"，我觉得可以是"觉察"情绪、"表达"情绪和"管理"情绪。

能很好地控制自己的情绪，遇事儿不拖泥带水，高效解决问题，这是高情商；相反，遇到事情六神无主，忍让退缩，奉承讨好，最后把本该办好的事情搞砸了，这是典型的低情商。我在这里顺便说一句，很多人在遇到被邻居的噪音打扰这样的事情时，选择和稀泥的处理方式，这在人际交往中实不可取，因为这种忍让是以丧失原则、丧失自己的利益为代价的，根本不能为你带来长久的人际关系。即便你因此建立了人际关系，但从长远看，这样的人际关系也不可能长久维系。

那么，我们如何做到高情商地拒绝？

第一，要给予对方尊重。《战国策》里面说，"君子绝交，不出恶声"，虽然我们时常会遇到胡搅蛮缠且说话难听的沟通对象，但我们对他们始终克制，还是客客气气地说话，这体现的是自己的修养。

第二，清晰地拒绝，并说明自己拒绝的原因。一方面，坚决拒绝，但不含恶意。你拒绝的时候，一定要干净爽快，切不可拖泥带水。拒绝别人的时候，最忌讳的便是模棱两可，因为如果不坚决拒绝，对方很容易以为你会满足他的期待。另一方面，明确向对方说明拒绝对方的原因。

第三，拒绝对方的时候，可以顺便给对方提出建议。在《西游记》里面，孙悟空去某个神仙那里借宝物，这个神仙说你找错地方了，你要的宝物我这儿可没有，在××那里，他有。这就是既拒绝，又给出了一个建议。得到这个信息之后，对方不可能赖在这里找你的麻烦，而是会立即根据你给出的信息采取行动。

如果你还想收听本堂课的音频内容，请在我的微信公众号后台回复"断舍离"，就可以收到相关资料。

结语

就从现在开始吧

在这本书就快要写完的时候，有一位朋友在微信上发了一条链接给我。这是一个关于"说服术"的课程的广告，课程价格挺贵，值不值得报名参加，他想向我咨询一下。

我看到那些天花乱坠的广告语，不禁哑然失笑："如果真的存在这么神奇的说服术，我想最能体现它的价值的用途应该是去说服那些恐怖分子，让人人都为维护世界和平做出贡献。"

其实大多数所谓沟通方面的"专家""大师"的实战能力都被我们高估了。在日常的沟通中——可能和大家的想象略有不同——他们表现出来的真实水准会比我们预想的低得多。

所以，作为读者的你，完全可以在人际交往和沟通中更有信心。

我们讲沟通，讲高效能沟通，离不开良好的人际关系的建立和维护。而建立和维护良好的人际关系，离不开离好的心态。

在我刚来北京不久的时候，我有一个朋友，是做销售的，我们常常一起去参加活动。那个朋友学历不高，很喜欢看各种成功学的书，拥有很强的行动力。有一次，我们在一次活动中收集了一堆名片——那时还没有微信，大家都是发名片。活动过后，他把这些名片摊在桌子上，把名片信息一个一个地录入电脑。他对我说："这些哪里是名片啊，这些都是钱啊。"先别管结果怎么样，至少他不怵，他勇于行动，有这样的心态，他就很有可能成功。

前些天，我组织了一次线下的分享会，邀请一个朋友来分享职场经验。那个朋友刚刚从网易网络有限公司（以下简称"网易"）辞职，打算自己创业。网易出来的创业者在创投圈是比较受欢迎的，因为网易出来的创业者中有很多取得成功的，我也很看好他。但有一个问题，他虽然很想做这次分享——因为毕竟是一次宣传自己的机会嘛——但他却从来没有当众做过分享，所以在准备的过程中，他老是叽叽歪歪地说"没有经验""可能做不好"。后来我听得烦了，就对他说："你如果想做，就勇敢地站上去。如果对自己没信心，觉得自己可能会表现不好，就给我拼尽全力，完善那些你认为可能会出问题的地方，让它们变得完美。这不是还有时间准备嘛。总之，你站上台的时候，我不准你说'我因为准备仓促，没有经验，所以如果今天讲得不好请大家体谅'之类的话，我要求你说'我为这次分享做了充足的准备，拿出了我最好的状态，希望大家能够喜欢'。"他明白了我的意思，并且真的很认真地去准备，事实证明，当天的分享效果也非常好，反响热烈。所以良好的心态有助于发挥出自己的潜能，可能无形中会给你带来好的沟通效果。

在沟通中要做好人脉管理，这并不像有人认为的那样，去结交所谓的名流、所谓的权贵就可以了。现在我把唐纳德·特朗普的手机号码给你——当然，我也没有——你也肯定用不上，因为你们没有任何交集。你让他帮你介绍工作、介绍对象，都是不可能、不现实的。

我们人际交往的重点，不应该是那些八竿子打不着的所谓的大人物，而更应该着眼于身边人。这些人，可能是同学，可能是同事，可能是邻居，可能是给你送外卖的小哥，甚至可能是买衣服时商场里为你服务的导购。良好的人际关系，应该从身边人做起。与人为善，也应该从身边人做起。

为了高效沟通，我们要为人际关系编个"筐"。

就像是要盛水，你得先有个杯子，才有可能把水倒进去。人际关系，也得先有个"筐"，才能把人"装"进去。有了这个"筐"，大家才可能发生关系，产生沟通。

人际关系的关键词，除了价值，还有信任，如何才能让自己与对方之间产生信任呢？靠的是互动，尤其是深度互动。那么那些逢年过节打个电话，在微信里发发祝福的话，在朋友圈里点个赞，这些是互动吗？是的。但这些都是浅度互动，是远远不够的。只有深度互动才能带来牢靠的人际关系。那么，如何进行深度互动呢？其实也很简单，大家一起去做一件事情，并且经过努力，事情取得了成功，这种经历中有不少深度互动，所以也是最能帮助建立良好的人际关系的。

有了"筐"，有了想法，你得行动，并且要立即行动。有研究表明，世界上所有的人，100%都产生过各种想法，但只有1%的人为自己的想法付出过行动。北京大学的陈春花教授是一位我非常尊敬的学者，写了很多企业管理方面的书，非常有见地。她说："成功的人就是不断做事的人，他真的去做，直到完成为止；平庸的人就是不做事的人，他会找借口拖延，直到证明这件事情'不应该做'为止。"

如果说一些人各自做同一件事，本来人人都可以成功，但确实有人没有成功，那么原因是什么？其中一个原因就是没做成事情的人缺少行动，行动是决定成功的因素。陈教授说："在与年轻人朝夕相处的过程中，在长期教学的过程中，确实有一种非常非常痛的感触，就是很多学生不太喜欢行动，而比较喜欢去设想和梦想，甚至幻想，现在很多年轻人在白天做梦，然后晚上睡不着觉。但是，成功的关键要素是你的行动。"

机会只给准备好的人，只给不断付出行动的人。想要收获好的人际关系，实现高效沟通，就从现在开始行动吧！

张慕梁

2019年2月